Para:

_____

De:

_____

Fecha:

_____

Hijo mío, si haces tuyas mis palabras
y atesoras mis mandamientos;
si prestas oído a la sabiduría
y te entregas a la inteligencia;
si clamas por inteligencia y discernimiento,
si los buscas como si fuera plata
o un tesoro escondido,
entonces comprenderás lo que es honrar al Señor
y encontrarás el conocimiento de Dios.
Porque el Señor concede sabiduría;
de su boca fluyen conocimiento y ciencia.

—Proverbios 2.1–6

LEE Y COMPARTE

Devociones

Cómo aplicar la Palabra de Dios
a la vida cotidiana

Gwen Ellis

Ilustrado por Steve Smallman
y Jeffrey Ebbeler

GRUPO NELSON
Una división de Thomas Nelson Publishers
Desde 1798

NASHVILLE   DALLAS   MÉXICO DF.   RÍO DE JANEIRO

Historias narradas por Gwen Ellis
Ilustrado por Steve Smallman y Jeffrey Ebbeler
Diseño de páginas por Casey Hooper

Obras por Gwen Ellis © 2008, usadas con permiso.
Obras por June Ford © 2008, usadas con permiso.
Obras por Laura Minchew © 2008, usadas con permiso.

Editora General: *Graciela Lelli*
Traducción: *Ammi Publishers International*
Adaptación del diseño al español: *Grupo Nivel Uno, Inc.*

ISBN: 978-1-60255-574-7

Impreso en Singapur
Printed in Singapore

11 12 13 14 15 TWP 9 8 7 6 5 4 3 2 1

TWP
Singapur
Septiembre 2011
PPO# 123708

Para John Mark

Queridos padres:

El tiempo de calidad con su familia es fácil y divertido con este libro de cincuenta y dos temas inspirados en la Biblia. Con estos crearán momentos memorables mientras ayudan a sus niños a desarrollar habilidades vitales al descubrir cómo los sucesos bíblicos se relacionan con sus vidas hoy.

He incluido en cada devoción una variedad de introducciones al tema de acuerdo con la edad (que comprenden desde canciones y poemas hasta recetas de cocina e historias), un versículo bíblico (lo bastante corto para que un niño pueda memorizarlo), una historia bíblica, una sección de preguntas: «Hablemos de»; una actividad: «Comparte el amor de Dios» y una oración. Este libro se puede usar solo o junto con el libro de historias la *Biblia lee y comparte*.

Mi oración es que ustedes y sus familias comiencen a pasar momentos juntos de manera sistemática y que eso produzca gozo en sus vidas aun después de terminar este libro.

Bendiciones,
Gwen Ellis

Consejos para utilizar este libro

- Escoja un tema para leer y a debatir con sus niños o con su clase cada semana. Mientras más divertidos y animados sean sus debates, mayor respuesta y atención obtendrá de ellos, que esperarán ansiosos el próximo encuentro.

- Lea estos pequeños relatos, poemas, canciones e historias bíblicas de forma amena. Luego motive a sus niños a dramatizar las escenas usando voces diferentes para cada personaje.

- Involucre a los niños mayores en la lectura.

- Anime a los niños a hablar sobre el tema cuando coman, paseen o en otras actividades durante la semana.

- Ponga a pensar a cada niño en las maneras en que el tema se relaciona con su vida y motívelos a aplicar la enseñanza.

- Realice las actividades (que pueden incluir cocinar, hacer juegos, manualidades o debates sobre el tema) en algún momento de la semana.

Contenido

ix

Título	**Tema**	

Dios lo hizo todo

Cristo mismo es el creador de cuanto existe en los cielos y en la tierra, de lo visible y de lo invisible. —COLOSENSES 1.16

¿Sabías que Dios creó todo lo que existe? Sí, Él hizo todas las cosas maravillosas y hermosas que vemos: las aves, los peces, los elefantes, los cachorros, los gatitos y las flores, a ti y a mí. Todo. Dios lo hizo todo. ¡Qué grandioso y maravilloso es Dios! Celebremos juntos todo lo que Dios ha hecho diciendo o cantando el poema que tenemos a continuación.

TODAS LAS COSAS
BRILLANTES Y BELLAS

Todas las cosas brillantes y bellas,
Todas las criaturas grandes y pequeñas,
Todas las cosas ilustres y maravillosas,
El Señor las hizo.

—Cecil Alexander (adaptado)

1

Génesis 1—2

En el principio Dios creó los cielos y la tierra . . . Entonces Dios dijo: «Que aparezca la luz. Que haya vegetación sobre la tierra. Que haya seres vivientes en los mares. Que haya aves en el cielo. Que haya animales en la tierra». Y cada vez que Dios dijo: «Que haya . . . », así fue.

Luego Dios hizo al hombre. Primero, hizo a Adán. Después, hizo a Eva para que Adán no estuviera solo. Dios los creó a su imagen. Y Dios dijo que todo era «¡Bueno!»

Vamos a leer y a compartir

¡Hablemos de . . . !

★ ¿Qué otras cosas creó Dios?

★ ¿A quiénes creó Dios a su imagen?

★ ¿Qué dijo Dios acerca de todo lo que había creado?

Comparte el amor de Dios

Una forma divertida de celebrar todas las cosas hermosas y maravillosas que Dios creó consiste en hacer un collage de imágenes de la creación. Pídele a un adulto que te ayude a realizar esta actividad. Busca algunas revistas que ya todos en casa hayan leído, una hoja grande de papel y un lápiz, lapicero o crayón. Escribe en la parte superior del papel: Dios lo hizo todo. Luego rasga o recorta algunas imágenes de cosas que Dios ha creado. Pega tantas imágenes como sea posible en el papel. Cuando lo hayas terminado cuélgalo en tu cuarto y dale gracias a Dios cada día por todas las cosas que Él ha creado. Cuando tus amigos vean el collage, cuéntales cómo creó Dios al mundo y de esa forma estarás compartiendo el amor de Dios.

Oración

Amado Señor: Gracias por hacer nuestro hermoso mundo y todos los animales, pajaritos y pececitos. Gracias por hacer a todas las personas que quiero y por hacerme a mí también. Amén.

Noé, un hombre paciente

Con la integridad de nuestras vidas, con nuestro entendimiento del evangelio y con nuestra paciencia y bondad hemos hecho nuestro servicio. —2 Corintios 6.6

La persona paciente espera con calma y sin quejarse. ¿Cuán paciente eres? ¿Se te hace difícil esperar tu turno para jugar o para comer galletitas horneadas? ¿Y cuán difícil resulta esperar por tu cumpleaños o para abrir los regalos de Navidad?

Esta es una manera divertida de descubrir cuán paciente eres en realidad (para hacer esta actividad aun más divertida, involucra a otros miembros de tu familia). Siéntate y permanece totalmente quieto, sin mover un músculo, excepto para respirar durante un minuto. ¿Te pareció un tiempo interminable? Toma un minuto de nuevo. Esta vez pídele a alguien que te cuente una historia. Ahora que estabas ocupado, ¿pasó el tiempo más rápido? Mantenernos ocupados en algo útil mientras esperamos pacientemente es una buena opción.

En la historia bíblica de hoy verás cómo Noé esperó pacientemente en el barco con todos aquellos animales que olían mal.

5

Génesis 7.12; 8.1–19

Probablemente conoces la historia de Noé y cómo Dios los salvó, a él y a su familia, de un gran diluvio. Noé obedeció a Dios y construyó un barco grande, conocido como el arca de Noé, y lo llenó de animales tal como Dios le ordenó. Pero, ¿sabías que todos ellos estuvieron dentro de ese barco por más de un año? ¡Eso es mucho tiempo para permanecer en un zoológico flotante! Noé, su familia y cada uno de los animalitos practicaron la paciencia mientras esperaban el día en que finalmente pudieran salir del arca.

Un día Noé abrió la ventana del arca que había hecho. Y soltó una paloma para ver si encontraba tierra seca. Esa sería la señal de que todos podían salir del barco. La paloma regresó porque no halló tierra seca donde posar. Entonces Noé esperó siete días más y volvió a soltar la paloma. Esta vez el ave regresó con una hoja de olivo en el pico. Noé esperó siete días más y volvió a soltarla, pero la paloma ya no volvió. Noé entendió que la paloma había encontrado un lugar seguro para vivir puesto que la tierra se estaba secando. Pronto Noé y su familia podrían salir del arca. Por fin, su espera terminaría.

Vamos a leer y a compartir

¡Hablemos de . . . !

★ ¿Cuánto tiempo estuvieron Noé, su familia y los animales en el arca?

★ ¿Qué tuvieron que practicar todos ellos en el arca?

★ ¿Cuántas veces envió Noé a la paloma a ver si encontraba tierra?

Comparte el amor de Dios

¡Vaya! Solo imagina cómo sería no poder salir en todo un año. Ser paciente no es fácil, pero es algo que Dios desea que tú y yo seamos. Hay muchas formas de mantenerse ocupado mientras eres paciente.

✤ Cuando viajas en auto, prueba imitando a los diferentes animales, durmiendo o contando tantos autos de tu color preferido como te sea posible.

✤ En casa podrías leer un libro o jugar.

¿Cuáles son otras de las cosas que puedes hacer mientras esperas pacientemente?

Oración

Amado Señor: Ayúdame, por favor, a ser paciente en todo lo que hago. Y gracias por ser paciente conmigo. Amén.

Sé alegre y amable

No se olviden de hacer el bien y de compartir con otros lo que tienen, porque esos son los sacrificios que agradan a Dios. —HEBREOS 13.16

¿Eres siempre alegre y amable? ¿Ayudas a los demás o protestas cuando alguien te pide ayuda? La foto que ves en esta página muestra a Ana y a Carlos recogiendo las hojas del patio de un vecino. ¿Cuáles son algunas de las cosas que puedes hacer para ser útil y amable con los demás?

Leamos juntos la historia bíblica de hoy, que nos cuenta sobre la amabilidad de una joven llamada Rebeca. Y veamos el siguiente acróstico:

A de ama. **Ama** a Dios de todo corazón.
M de mejor. **Mejor** es dar que recibir.
A de alegría. **Alegría** da servir a Dios.
B de bueno. **Bueno** es alabar al Señor.
L de loa. **Loa** y agrada a Dios.
E de está. **Está** listo para compartir.

Historia bíblica

Génesis 24.15–20

El sirviente de Abraham venía de un largo viaje. Tenía mucha sed y sus diez camellos también. Finalmente vio un pozo de agua y, cerca de él, a una joven llamada Rebeca. Entonces se acercó a ella y le preguntó: «¿Me darías un poco de agua, por favor?»

«Sí», dijo ella alegremente y le dio a beber un poco de agua. «Le daré agua a tus camellos también», dijo Rebeca.

Rebeca echaba agua y más agua, pero los camellos seguían sedientos. Sin embargo, Rebeca no se enojó, ni se quejó. Con alegría en su corazón siguió sacando agua del pozo hasta que los camellos se saciaron.

Vamos a leer y a compartir

¡Hablemos de . . . !

★ ¿Qué le preguntó el sirviente de Abraham a Rebeca?
★ ¿Qué respondió Rebeca?
★ ¿Qué más hizo Rebeca?

Comparte el amor de Dios

¡Eran muchos camellos para darles agua! ¿Sabías que cuando ayudas a otros con alegría, como Rebeca, estás compartiendo el amor de Dios? Guardar tus juguetes o cualquier otra cosa sin que te manden es una forma de ser útil a los demás.

Veamos cuántos juguetes puedes
guardar en cinco minutos.
¡Preparados, listos, ya!

Oración

Querido Dios: Ayúdame a ser un colaborador alegre
y a ser amable con los demás. Amén.

El hermano enojado

Si se enojan, no cometan el pecado de dejar que el enojo les dure todo el día. —EFESIOS 4.26

¿Alguna vez te enojaste con tu hermano, tu hermana o con un amigo? Esaú se enojó con su hermano Jacob. La pelea comenzó cuando Esaú se dio cuenta de que había cambiado su parte de la herencia (su primogenitura) por un tazón de caldo. Vamos a aprovechar este tiempo para hacer un caldo como el de Jacob. Pídele al que cocina en tu casa que te ayude a prepararlo.

EL CALDO DE JACOB

1 taza de lentejas secas
1 cebolla cortada en pequeños trozos
3 tallos de apio, cortados en cubitos (opcional)
3 zanahorias, ralladas
1 pizca de canela

1/4 cucharadita de jengibre
1/2 cucharadita de clavo
1 cucharadita de comino (opcional)
6 tazas de agua o caldo (de pollo, carne o vegetales)

Escoge las lentejas y asegúrate de no dejar piedras ni basura. Lávalas y ponlas en una olla. Luego agrega los demás ingredientes. Cuando comience a hervir, reduce el fuego. Deja que hierva a fuego lento por una hora y media. Puedes servirla con pan árabe.

Consejo: Puedes también pedirle a un adulto que compre una sopa de lentejas enlatada y te ayude a prepararla.

Génesis 25.27–34; 27.1–37, 43–44

Esaú y Jacob eran hermanos. Esaú era el mayor, eso significaba que cuando los bienes de su padre fueran divididos recibiría la mayor parte. Eso se llamaba «primogenitura».

Un día Jacob preparó una sopa mientras su hermano Esaú estaba de cacería. Cuando Esaú regresó a casa, tenía mucha, mucha hambre. «Dame un poco de ese caldo», dijo Esaú.

Y Jacob le respondió: «Te lo cambio por tu primogenitura».

Como un tonto, Esaú aceptó el trato. Su padre le dio a Jacob la primogenitura de Esaú.

Luego Esaú pensó: *Ese trato fue un gran error. Mi primogenitura valía más que un tazón de caldo.* Entonces se puso muy furioso, tanto que Jacob tuvo miedo de él y huyó muy lejos, hasta la casa de su tío, y demoró mucho tiempo en volver.

Vamos a leer y a compartir

¡Hablemos de . . . !
★ ¿Qué cocinó Jacob?
★ ¿Por qué Esaú se enojó con Jacob?

Comparte el amor de Dios

Enojarse no es malo, pero no dejes que tu enojo te lleve a hacer algo que sabes que es malo. Los animales se enojan de una manera diferente a las personas, especialmente las personas que aman a Jesucristo. Intenta mostrar esta diferencia a través de este juego de apariencia.

❖ Haz como un oso grande y enojado
❖ Haz como un tigre furioso
❖ Haz como un mono enojado
❖ Ahora actúa como una persona que ama a Jesús aun cuando está enojada, siendo amable y reflexiva.

Oración

Amado Señor: Ayúdame a recordar, cuando estoy enojado, que debo calmarme y pensar bien lo que hago y digo. Amén.

Un corazón alegre

El corazón alegre es una buena medicina. —PROVERBIOS 17.22

¿Alguna vez te sentiste triste y te quejaste porque las cosas no salieron como esperabas? ¿Te ayudó en algo? Probablemente no. Dios sabe que las cosas no siempre saldrán como las deseamos, pero Él quiere que estemos contentos con todo lo que hizo por nosotros al mandar a Jesús como nuestro Salvador. Jesús vive en nuestros corazones y nos da gozo. La próxima vez que sientas deseos de quejarte por algo, entona una canción alegre. Puedes incluso componer una.

17

Éxodo 4.29—5.9; 14.29—15.16

Cuando los israelitas escucharon que Dios había mandado a Moisés para que los liberara del rey de Egipto, se alegraron y le dieron gracias a Dios por acordarse de ellos. ¡Pero las cosas no salieron como esperaban!

El rey no les dio la libertad, sino que los obligó a trabajar más duro.

Ahora los israelitas también tenían que buscar la paja para hacer los ladrillos.

18

De seguro, eso hizo que los israelitas se sintieran molestos y descontentos con Dios y con Moisés. No entendían que todo formaba parte del plan de Dios. Después, cuando Dios los ayudó a cruzar el Mar Rojo para liberarlos de los egipcios, se pusieron tan contentos que entonaron una canción para alabar a Dios.

eer y a compartir

lemos de . . . !

r qué se enojaron los israelitas?

¿Qué no entendían ellos?

★ ¿Qué hicieron los israelitas al sentirse alegres?

Comparte el amor de Dios

Si somos gruñones, como los israelitas, cuando las cosas van mal en nuestra vida, perdemos el gozo de nuestros corazones. Esta es una manera divertida de descubrir cuán alegre está tu corazón.

Busca un vaso y un puñado de frijoles. Cada vez que te quejes, echa un frijol en el vaso. Al terminar la semana cuenta los frijoles y analiza cómo te ha ido. Un frijol significa que estuviste bien. Pero si tienes muchos frijoles dentro del vaso, has perdido mucho del gozo de tu corazón y necesitas esforzarte por sonreír más y quejarte menos.

Oración

Amado Señor: No quiero ser un gruñón. Ayúdame a estar alegre y a tener un corazón lleno de gozo. Amén.

20

Para Dios todo es posible

Para Dios no hay nada imposible. —Lucas 1.37

Dios cuida de ti dondequiera que vayas; ya sea a la escuela, a acampar, a la playa, a casa de tus amigos y aun en tu propia casa. Él cuida a su pueblo todo el tiempo y en todo lugar. Para Dios todo es posible. Él hizo un milagro para cuidar a su pueblo Israel cuando salieron de Egipto. Lee la historia bíblica de hoy para que veas qué maravilloso fue lo que Dios hizo por ellos. Moisés se puso tan contento que alabó a Dios con la siguiente canción. Vamos a cantarla todos juntos.

LA CANCIÓN DE MOISÉS

«¿Quién es como tú, Señor, entre los dioses?
¿Quién es glorioso y santo como tú?
¿Quién es tan poderoso como tú?
¿Quién hace tantas maravillas y prodigios?»
—Éxodo 15.11

Éxodo 14.5–31

Moisés condujo al pueblo de Dios fuera de Egipto y hasta la misma orilla de un gran mar. Pero no había forma de llegar hasta la otra orilla. Por si fuera poco, el rey de Egipto se había arrepentido de liberar al pueblo y había enviado a su ejército para capturarlos. Los israelitas pensaron que estaban atrapados. Pero Dios estaba con ellos y movió una gran nube detrás de ellos para ocultarlos de los egipcios. Dios también le dijo a Moisés que levantara su mano sobre el mar.

Entonces Dios envió un viento sobre el mar que lo partió en dos y dejó un camino en medio. ¿Y sabes qué? El camino estaba seco. Los israelitas ni siquiera se enlodaron sus sandalias mientras caminaban seguros hasta la otra orilla. ¡Solo Dios puede hacer un milagro como ese!

¿Y sabías que cuando el ejército egipcio trató de utilizar el mismo camino el agua se volvió a unir? Ese fue el final del ejército del rey.

Vamos a leer y a compartir

¡Hablemos de . . . !

★ ¿Hacia dónde guió Moisés al pueblo de Dios?

★ ¿Quiénes seguían al pueblo de Dios?

★ ¿Qué hizo Dios?

Comparte el amor de Dios

Dios cuida de todo y de todas las personas. Dios puede hacer cualquier cosa, incluso dividir el Mar Rojo. Descubre cuán asombroso fue este milagro haciendo un pequeño mar.

UN PEQUEÑO MAR

Comienza echando arena o tierra en un pequeño tazón hasta la mitad. Ve al lugar donde se lavan los platos y cubre la arena con agua hasta una pulgada. Trata de separar la arena en dos partes con tus manos. No pudiste hacerlo, ¿verdad? Ahora saca el agua de la palangana y palpa la arena. ¿Cuánto crees que va a demorar en secarse?

Oración

Amado Señor: Tú ayudaste a tu pueblo a cruzar el Mar Rojo.
Y sé que puedes cuidar de mí también. Gracias por amarme. Amén.

Dios nos cuida

Por eso, mi Dios les dará todo lo que necesiten, conforme a las gloriosas riquezas que tiene en Cristo Jesús. —FILIPENSES 4.19

¿Alguna vez tus padres o tu maestro te pidieron que limpiaras un líquido que se había derramado, pero no te dieron una toalla para hacerlo? Probablemente no. Cuando Dios nos pide que hagamos algo, nos da lo que necesitamos para hacerlo. Cuando Moisés sacó al pueblo de Dios de Egipto y lo condujo por el desierto, no había ni agua ni comida. Pero Dios les mandó una comida milagrosa llamada «maná».

UNA COMIDA ASOMBROSA

Nadie sabe realmente qué era el maná, pero la Biblia nos dice esto: El maná caía sobre la tierra durante la noche y era semejante a la escarcha.

Su apariencia era como la de unas pequeñas semillas blancas y su sabor era semejante al de galletas crujientes hechas con miel.

25

Éxodo 15.22—17.7

Después que el pueblo de Dios salió de Egipto comenzó a quejarse. «En Egipto teníamos toda la comida que queríamos», decían. «Y ahora nos moriremos de hambre en el desierto». Dios los escuchó y le dijo a Moisés que Él se aseguraría de que ellos tuvieran bastante comida. En la noche, Dios les daría carne. En la mañana, les daría todo el pan que desearan. Y así lo hizo.

El pan era diferente a cualquier otro que habían visto antes. Caía sobre la tierra en forma de copos finos semejantes a la escarcha y el pueblo debía recogerlo cada mañana. Como los israelitas no sabían qué era lo llamaron «maná», que significa: «¿Qué es esto?» Ahora tenían alimento para comer mientras vivían en el desierto.

...eer y a compartir

...emos de . . . !

...qué quería el pueblo?

...¿Qué hizo el pueblo?

★ ¿Qué envió Dios para alimentarlos?

Comparte el amor de Dios

No sabemos qué era el maná, pero sabemos que era dulce y blanco. A continuación tenemos la receta de unas galletas cuyo sabor puede ser parecido al del maná. Pídele a un adulto que te ayude a preparar las galletas. Luego compártelas con otros mientras les cuentas la historia del milagro que Dios hizo llamado maná.

GALLETAS CON SABOR A MANÁ

1/2 taza de mantequilla   2 cucharaditas de miel

1 taza de azúcar   1/2 cucharadita de vainilla

2 huevos   2 tazas de harina

Primero bate la mantequilla y el azúcar. Luego añade los dos huevos y mézclalo todo bien. Añade la miel y la vainilla. Por último agrega la harina lentamente. Echa una cucharadita de la masa para cada galletita en una bandeja de hornear. Hornéalas a 400 grados durante 8 minutos o hasta que estén listas para comer. Haz tres docenas de galletitas.

Oración

Amado Señor: Confío en que cuidarás de mí.
Gracias por todo lo que has hecho por mí. Amén.

El libro de Dios

Tu palabra es una lámpara a mis pies, y una luz en mi sendero.
—SALMO 119.105

¿Sabías que la Biblia es el libro más importante del mundo? La Biblia es la Palabra de Dios. Ella nos enseña todo lo que necesitamos saber acerca de Dios y de su Hijo Jesús. También nos dice cómo vivir alegres. La Biblia se divide en Antiguo y Nuevo Testamento. Está compuesta por 66 libros, el Antiguo Testamento tiene 39 y el Nuevo 27. Si conoces algún canto que mencione los libros de la Biblia puedes cantarlo ahora.

Dios usó a hombres como Moisés para que escribieran la Biblia. De hecho, Moisés escribió los cinco primeros libros de la Biblia (Génesis, Éxodo, Levítico, Números y Deuteronomio). Para saber más acerca de lo que Dios le dio a Moisés, leamos juntos la historia bíblica.

SANTA BIBLIA

29

Éxodo 20.2–17; 24.12–18; 31.18

Un día Dios llamó a Moisés para que subiera a la cima de una montaña para conversar con él. Allí Dios le dio los Diez Mandamientos; diez reglas para que su pueblo conociera cómo quería que vivieran. Dios escribió los mandatos en piedra con su dedo.

LOS DIEZ MANDAMIENTOS

1. El Señor es el único Dios verdadero. Ámalo y adóralo sólo a Él.
2. No sirvas ni adores a ningún otro dios o ídolo.
3. No uses el nombre de Dios sin el respeto que merece.
4. Guarda el sábado como día santo.
5. Honra a tu padre y a tu madre.
6. No mates.
7. Los esposos deben ser fieles el uno al otro.
8. No robes.
9. No mientas.
10. No envidies las cosas de los demás.

Vamos a leer y a compartir

¡Hablemos de . . . !

★ ¿Qué usó Dios para escribir los Diez Mandamientos en piedra?

★ ¿Por qué Dios le dio reglas a su pueblo?

★ ¿Quién escribió los cinco primeros libros de la Biblia?

Comparte el amor de Dios

No es maravilloso saber que Dios nos amó tanto que nos dio la Biblia para ayudarnos a tener vidas felices. Una forma de compartir el amor de Dios es explicándole a otra persona por qué la Biblia es el libro más importante del mundo.

Diviértete diciendo los primeros cinco libros de la Biblia.

¡Preparados, listos, ya!

Génesis Éxodo Levítico Números Deuteronomio

Oración

Querido Dios: Gracias por la Biblia y ayúdame a vivir obedeciendo tus reglas siempre. Amén.

Intenta algo nuevo

«Porque el Señor tu Dios estará contigo dondequiera que vayas». —Josué 1.9

¿Alguna vez te sorprendiste al hacer algo que creías no serías capaz de lograr nunca? Quizás al principio sentiste un poco de miedo, como cuando intentaste montar una bicicleta por primera vez. Tal vez te sentiste como la pequeña locomotora a la que le pidieron que hiciera algo grande. ¿Conoces esa historia?

Una mañana, una fila larga de coches de carga le pidió a una locomotora grande que los llevara a lo alto de una montaña. La locomotora no pensó que podía hacerlo y ni siquiera lo intentó. Entonces le pidieron a una locomotora pequeña si lo podía intentar. Aunque pequeña, era valiente y respondió: «Creo que puedo hacerlo». Y comenzó a jalarlos montaña arriba. «Creo que puedo, creo que puedo», repetía sin aliento. Y seguía intentándolo, poco a poco. ¿Podría llegar a la cima? Al fin llegó a la cumbre y cantó de alegría: «Sabía que podía, sabía que podía».

La próxima vez que tengas miedo de intentar hacer algo que necesitas, confía en que Dios te va a ayudar y que te dará el valor para hacerlo.

33

Historia bíblica

Números 13.1—14.35

Un día Moisés mandó a doce hombres a explorar la tierra que Dios le había prometido a su pueblo. La tierra tenía muchos alimentos deliciosos, pero también tenía murallas muy grandes y las personas que vivían allí eran como gigantes. Cuando los doce hombres regresaron, diez de ellos dijeron: «No podemos ir y apoderarnos de esa tierra». Ellos tenían miedo de confiar en Dios e intentar algo nuevo. Solo dos hombres, Josué y Caleb, dijeron: «No se preocupen. Dios está con nosotros y Él es más fuerte que cualquier gigante». De todas formas el pueblo tuvo miedo de entrar a la nueva tierra. Y por no haber confiado en que Dios los ayudaría, tuvieron que andar de un lado para otro en el desierto por cuarenta años.

Vamos a leer y a compartir

¡Hablemos de . . . !

★ Los doce hombres que exploraron la tierra, ¿cuántos querían intentar algo nuevo?

★ ¿Qué dijeron los demás?

★ ¿Qué sucedió debido a que el pueblo no creyó que Dios podía ayudarlos a entrar a la tierra que quería darles?

Comparte el amor de Dios

¿Confías tú, al igual que Josué y Caleb, en que Dios puede ayudarte a hacer aquello que quiere que hagas? Menciona algunas de las cosas que has intentado tener el valor de hacer. Estas son algunas ideas para ayudarte a pensar:

❖ Ir a tu primer día de clases
❖ Aprender a nadar
❖ Probar platos nuevos

Oración

Amado Señor: Ayúdame a ser valiente y a recordar que tú siempre estás conmigo. Amén.

Confiar ciegamente

Dichosos todos los que confían en él [Dios]. —SALMO 34.8

¿En quién confías? Cuando confiamos en alguien eso significa que creemos que esa persona hará lo que es mejor para nosotros, aunque no siempre entendamos cómo sucederá. Cuando Maida confió en su mamá se llevó una maravillosa sorpresa.

Maida no entendía por qué su mamá le pedía que limpiara su cuarto inmediatamente. Pero de todas formas, dejó de jugar e hizo lo que su mamá le pidió. Pronto se alegró de haberlo hecho, porque su madre le tenía una gran sorpresa. Su mejor amiga venía a nadar y a pasar la noche con ella.

Ahora Maida estaba lista para jugar porque había hecho lo que se le había pedido aun cuando no entendía el porqué. Había confiado en su mamá.

En la historia bíblica de hoy, veremos que Dios les dio a los israelitas algunas instrucciones que no parecían tener mucho sentido. Pero como confiaron en Dios y obedecieron, sucedió algo maravilloso.

Josué 6

Dios quería que su pueblo conquistara la ciudad de Jericó. En ese tiempo la ciudad estaba rodeada de enormes murallas que tenían puertas grandes y pesadas. El pueblo cerraba las puertas y las vigilaba para que nadie pudiera entrar o salir de la ciudad.

Josué era el líder del pueblo de Dios. Por eso Dios le habló para que le dijera al pueblo que marchara alrededor de la ciudad una vez al día durante seis días. Los sacerdotes debían marchar al frente del cofre del pacto con algunos soldados delante y otros detrás del cofre.

Dios les mandó que marcharan siete veces alrededor de la ciudad al séptimo
día. Y eso no era todo. Dios dijo que los sacerdotes debían tocar sus trompetas
y los demás debían gritar bien fuerte. Cuando lo hicieron las murallas se
cayeron. Esta debió parecer una forma muy extraña de derrumbar las murallas
de la ciudad, pero el pueblo confió en Dios e hizo exactamente lo que Él le
había ordenado, y los muros se cayeron.

eer y a compartir

¿Qué le pidió Dios a su pueblo que hiciera alrededor de las murallas de Jericó?

★ ¿Qué sucedió cuando ellos confiaron en Dios y le obedecieron?

Comparte el amor de Dios

¡Catapún! Si tú hubieras sido uno de los israelitas, ¿cómo te habrías sentido cuando cayeron las grandes murallas de Jericó? Historias como estas nos enseñan que podemos confiar en Dios siempre, pues Él hará lo que es mejor para nosotros. Aquí te mostramos un juego acerca de la confianza.

CONFÍA EN MÍ

Para este juego vas a necesitar una venda para los ojos y un compañero. Ponte la venda y deja que tu compañero te guíe por un patio, área de juego, casa o apartamento, sin dejarte tropezar o chocar con nada. Luego intercambien sus papeles. ¿Tuvieron problemas al confiar el uno en el otro para no tropezar con algo?

Oración

Amado Señor: Ayúdame a creer en ti y a confiar en tu Palabra aunque no entienda. Amén.

La mejor ayuda posible

¿Hay algo que sea difícil para el SEÑOR? —GÉNESIS 18.14

¿Sabías que no hay absolutamente nada imposible para Dios? Todo es posible para Él. Y esta es la mejor parte: Él quiere ayudarte cuando estés pasando por momentos difíciles. Todo lo que tienes que hacer es pedirle que te ayude. Él hará lo que es mejor para ti y para aquellos por quienes oras. Eso fue lo que sucedió cuando Josué y su ejército tuvieron un problema muy, pero que muy, grande.

¡Marchen! ¡Marchen! ¡Marchen! Parece gracioso. Vamos a decirlo otra vez: *¡Marchen!* Cuando marchas estás avanzando, aun cuando lo que hagas sea difícil o tome mucho tiempo. Nosotros decimos que las personas que corren una carrera larga deben seguir marchando, poner un pie y luego el otro hasta que termine la carrera.

41

Historia bíblica

Josué 10.1–14

Mientras Josué guiaba al pueblo de Israel hasta la tierra que Dios le había prometido, el ejército peleó muchas batallas. Un día Josué y su ejército habían peleado duro, pero aún la batalla no había terminado. Josué y su ejército no habían ganado, todavía no.

Ellos necesitaban más tiempo. Josué necesitaba la ayuda de Dios y por eso dijo: «Sol, detente . . . luna, párate». El sol se detuvo y la luna se paró hasta que Josué y su ejército ganaron la batalla. Eso fue lo que hizo Dios por su pueblo.

Vamos a leer y a compartir

¡Hablemos de...!
★ ¿Hay algo que sea imposible para Dios?
★ ¿Por qué Josué necesitó la ayuda de Dios?
★ ¿Qué hizo Dios por su pueblo?

Comparte el amor de Dios

¡Vaya, vaya! ¿Te sorprendió la forma en que Dios ayudó a Josué? Es bueno saber que puedes pedirle a Dios que te ayude con tus problemas. Pero también puedes pedirle que ayude a otros. Aquí te mostramos algo que puedes hacer por alguien que necesita la ayuda de Dios. Es una tarjeta de oración.

TARJETA DE ORACIÓN

Consigue algunos papeles de colores y dóblalos por la mitad para que se abran como un libro. Pinta un dibujo en la parte de afuera. Adentro escribe: Estoy orando por ti. Fírmala con tu nombre y entrégala a la persona que necesita la ayuda de Dios.

Oración

Querido Señor: Gracias porque siempre estás conmigo para ayudarme cuando te necesito. Yo sé que no hay nada imposible para ti. Amén.

¡Eres un ganador!

*Que haya griterío de júbilo cuando sepamos la noticia de tu victoria;
que se agiten las banderas en alabanza a Dios.* —SALMO 20.5

Probablemente hayas ganado más veces de las que puedes recordar. Todos obtenemos triunfos cuando nos esforzamos por ganar un juego, vencer un miedo o resolver un problema. Algunos triunfos son grandes, como la primera vez que dormimos fuera de casa. Otros son pequeños, como cuando recordamos recoger nuestros juguetes. Uno de los mejores triunfos es el que Jesús nos dio sobre el pecado, sobre las cosas malas que hacemos.

Antes a los ganadores de concursos, competencias deportivas o cosas semejantes se les daba una corona de hojas como premio. Haz una corona de papel. Úsala con tus amigos por turnos. Cada vez que uno de ellos la use, debe contar una historia acerca de una dificultad que haya vencido.

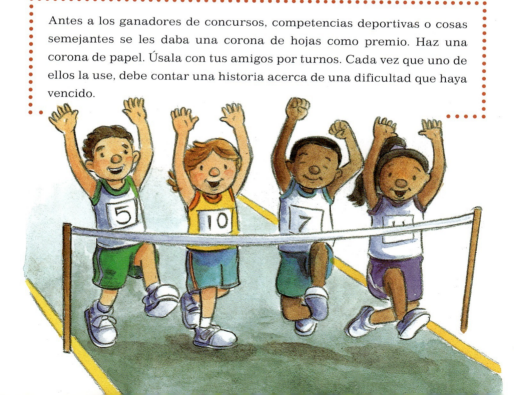

Historia bíblica

Jueces 6.11–24; 6.33—7.8; 7.16–22

Gedeón fue el guerrero que Dios escogió para salvar al pueblo de Israel de sus enemigos, los madianitas. Por medio de un ángel Dios le dijo a Gedeón lo que iba a suceder y lo que quería que hiciera. Gedeón estaba seguro de que Dios se había equivocado al escogerlo porque él era el más insignificante de su familia. Tenía miedo. Pero Dios le prometió que estaría a su lado. Entonces Gedeón reunió un ejército con muchos soldados. «Son demasiados», le dijo Dios. Así que Gedeón mandó a miles de soldados de regreso a casa. Pero Dios le dijo: «Todavía son demasiados», hasta que solo quedaron trescientos hombres.

Luego Gedeón le dio a cada uno de ellos una trompeta y un jarrón con una antorcha encendida. Así él y su ejército partieron sin hacer ruido hacia las afueras del campamento donde dormían sus enemigos. Al llegar, tocaron las trompetas, rompieron los jarrones, levantaron las antorchas encendidas y gritaron: «Por el Señor y por Gedeón». Los madianitas se asustaron tanto que comenzaron a pelear entre ellos y finalmente huyeron. ¡Gedeón ganó la batalla! ¡Bravo, Gedeón! ¡Bravo, Dios!

Vamos a leer y a compartir

¡Hablemos de . . . !

★ ¿Para qué tarea Dios escogió a Gedeón?
★ ¿Qué hicieron los hombres de Gedeón con las trompetas, los jarrones y las antorchas?
★ ¿Qué hicieron sus enemigos?

Comparte el amor de Dios

¿Puedes imaginarte ganar una batalla sin pelear? Dios ayudó a Gedeón a alcanzar la victoria y puede ayudarte a ti también. ¿Cuáles son algunas de las cosas que Dios te ha ayudado a vencer? Ahora menciona algunos de los retos que quieres alcanzar. Aquí tienes algunas ideas:

❖ Memorizar un versículo bíblico
❖ Aprender un deporte
❖ Comer vegetales
❖ Hacer una nueva amistad

Oración

Amado Señor: Gracias por darme la victoria sobre el pecado. Y recuérdame pedirte ayuda cuando tenga algún problema. Amén.

Dios responde la oración

«¡Den gracias al Señor y oren a él!» —1 Crónicas 16.8

¿Sabías que Dios responde todas nuestras oraciones? Algunas veces puede parecer que no es así, pero siempre responde. La respuesta de Dios puede ser sí o no. Puede respondernos en ese mismo momento o puede que su respuesta demore un largo tiempo. La Biblia nos habla de Ana, una mujer que deseaba tanto algo que apenas podía pensar en otra cosa. Cuando Dios respondió su oración, ella le dio gracias por medio de una canción.

LA CANCIÓN DE ANA

«¡Cuánto me ha bendecido!
Ahora tengo respuesta
*   para mis enemigos,*
porque el Señor ha resuelto
*   mi problema.*
¡Cuánto se goza mi corazón!»
—1 Samuel 2.1

49

1 Samuel 1.1—2.2; 2.18–21

Ana no tenía hijos, y eso la hacía sentir muy triste. Un día fue al santuario de Dios para orar. Ella le pidió a Dios un hijo varón. Elí, el sacerdote, la vio orando. Entonces Ana le dijo que estaba muy triste y le estaba contando a Dios sus problemas. Ana prometió que si Dios le daba un hijo varón, él trabajaría para Dios toda su vida.

Dios respondió la oración de Ana. Ella tuvo un hijo y lo llamó Samuel porque
ese nombre se pronuncia parecido a la palabra hebrea que significa «Dios
escuchó». Ana cumplió su promesa y Samuel trabajó para Dios toda su vida.

Vamos a leer y a compartir

¡Hablemos de...!

★ ¿Quién oró y le pidió a Dios un hijo?
★ ¿Qué le prometió Ana a Dios?

Comparte el amor de Dios

¿Alguna vez deseaste algo tanto como Ana, que apenas podías pensar en otra cosa? Una manera divertida de ver cómo contesta Dios nuestras oraciones es haciendo un libro de oración. Dobla varias hojas de papel en blanco por la mitad. Luego engrapa las hojas juntas para hacer un libro y decora la portada. Adentro escribe tus oraciones y pon la fecha. Cuando Dios conteste tu oración escribe: «Gracias a Dios» y ponle la fecha también. Si quieres puedes pegar fotos de las personas o cosas por las que estás orando.

RECUERDA

Unas veces Dios dice sí. Otras dice no. Y aun otras dice espera. Dios te ama muchísimo. Su respuesta depende de lo que es mejor para ti.

Oración

Querido Señor: Ayúdame a orar más a menudo.
Me alegra saber que puedo hablar contigo. Amén.

52

¡Shhhhhhhhhh!

«Habla, Señor, que tu siervo escucha». —1 Samuel 3.10

¿Escuchas bien? ¿Prestas atención a lo que tus padres y maestros te dicen? Escuchar atentamente es una buena forma para aprender cosas nuevas. Dios quiere que escuchemos su Palabra para que conozcamos su voluntad con nosotros. Diviértete con el juego «El telegrama» y descubre, a la vez, si escuchas bien.

EL TELEGRAMA

Una persona debe susurrarle una frase a su vecino de la derecha o la izquierda solo una vez. Luego, esa persona susurra exactamente la misma frase a la persona más cercana de la izquierda y así hace cada una hasta que la última persona escuche también la frase y diga en voz alta lo que escuchó. ¿Escuchó la última persona lo mismo que los demás? Inténtalo otra vez. Esta vez, la última persona comienza el juego con una nueva frase.

53

1 Samuel 3.1–14

Samuel era un jovencito que vivía en el santuario de Dios. Su trabajo era ayudar al sacerdote Elí. Una noche, mientras Samuel dormía, escuchó que alguien lo llamaba. Él pensó que era el sacerdote Elí, así que se levantó y corrió hasta su cama. «No te he llamado», le dijo Elí. «Vuelve a la cama». Y Samuel se acostó.

Al instante Samuel escuchó la voz otra vez y corrió a la cama de Elí. Después que eso sucedió tres veces, Elí comprendió que era Dios el que llamaba a Samuel. Entonces le dijo: «Si oyes otra vez la voz, dile: "Habla, Señor, que tu siervo escucha"». Así lo hizo Samuel.

Vamos a leer y a compartir

¡Hablemos de . . . !

★ ¿Quién creía Samuel que lo llamaba por la noche?

★ ¿Qué le dijo Elí al muchacho la tercera vez que Samuel lo despertó?

★ ¿Qué sucedió la cuarta vez que Samuel escuchó que alguien lo llamaba?

Comparte el amor de Dios

¿Qué crees que diría Samuel acerca del mundo ruidoso en que vivimos? En nuestro mundo hay tanto ruido que a veces no escuchamos los sonidos a nuestro alrededor. Siéntate tranquilo y escucha. ¿Qué ruidos oyes?

❖ Un televisor

❖ Una radio

❖ Una computadora

❖ ¿Qué más?

Pide permiso para apagar los equipos que produzcan ruido. Ahora siéntate tranquilo y medita acerca de todas las cosas maravillosas que Dios ha hecho. Ora y escucha. Dios nos habla a través de la Biblia y lo hace de tal modo que nuestra mente y nuestro corazón entienden lo que Él nos dice.

Oración

Amado Señor: Enséñame a estar callado y a escuchar lo que tienes que decirme mientras leo la Biblia y oro. Amén.

¡Hurra por el jovencito!

«No temas, pues yo estoy contigo, no te desanimes. Yo soy tu Dios, yo te fortaleceré, yo te ayudaré». —ISAÍAS 41.10

¿Alguna vez has tenido miedo de intentar algo nuevo? Pídele a Dios que te ayude a ser valiente como el pequeño cometa de este poema.

CÓMO APRENDIÓ A VOLAR EL PEQUEÑO COMETA

«Nunca podré hacerlo», decía el pequeño cometa,
mientras miraba a los otros que volaban a gran altura.
«Sé que fallaría si intentara volar».
«¡Inténtalo!», le dijo la cometa grande, «solo inténtalo
o temo que nunca aprenderás».
Pero el cometa pequeño dijo: «Temo que caeré».

. . . .

Entonces el papel del cometa pequeño se
*   movió a vista de todos,*
y temblando se sacudió a sí mismo libre
*   para volar.*
Primero formando remolinos y volando,
*   aumentó la valentía,*
subiendo y subiendo se elevó por el aire.

. . . .

«¡Ah, qué feliz soy!» El cometa pequeño
*   exclamó,*
«Además porque fui valiente y lo intenté».
—Anónimo (adaptado)

57

Historia bíblica

1 Samuel 17.1–58

David era pastor. Su trabajo era proteger y cuidar las ovejas de su padre. Quizás algunas personas pensaban que sólo era «un muchachito». Un día su padre lo mandó a llevarles comida a sus hermanos que estaban en la guerra. Cuando llegó al campo de batalla, se quedó asombrado. Todos los soldados tenían miedo de un gigante llamado Goliat. El gigante gritaba desde el otro lado del valle al pueblo de Dios que le enviara un guerrero para que peleara contra él. Pero nadie se atrevía.

Entonces David dijo: «Yo iré».

El rey le respondió que no lo hiciera.

David, que estaba lleno del valor que Dios le había dado, dijo: «Dios ganará esta pelea por mí». Y recogió cinco piedras lisas y las puso en su bolsa de pastor. Entonces con su honda en una mano salió a pelear contra el gigante. Goliat se molestó cuando vio que David era solo un niño.

David puso una piedra en la honda y le dio vueltas. La piedra fue hacia el gigante y lo golpeó en la frente. El gigante cayó al suelo. Dios le había dado el valor a David para pelear contra Goliat y ganar la batalla.

Vamos a leer y a compartir

¡Hablemos de . . . !

★ ¿A quién le tenían miedo los soldados?

★ ¿Tenía David un arma grande para pelear contra Goliat?

★ ¿Cómo ayudó Dios a David a ganar la batalla?

Comparte el amor de Dios

Todos necesitamos valor para hacer algo. David tuvo valor para enfrentar a aquel gigante. ¿Para qué necesitas valor? Solo para divertirte:

❖ ¿Necesitarías más valor para lanzarte a una piscina o para usar tu pijama al revés?

❖ ¿Preferirías leer un poema delante de un grupo o entrar a una habitación oscura?

Comenta con tu familia cómo te ha dado Dios el valor para hacer algo que antes te daba miedo. Cada miembro de la familia tendrá la oportunidad de hablar.

Oración

Amado Señor: De verdad quiero ser valiente, pero a veces me siento como ese pequeño cometa. Es difícil intentar hacer algo nuevo. Ayúdame a tener valor. Amén.

Amigos para siempre

El verdadero amigo siempre ama. —PROVERBIOS 17.17

Es bueno tener amigos cuando estamos contentos y cuando estamos tristes, cuando jugamos y también cuando descansamos. ¿Sabías que Dios es tu amigo en todo tiempo? Este es un poema acerca la amistad. Vamos a leerlo juntos.

AMISTAD

Eres mi amigo
Y yo soy tuyo.
Jugamos adentro
Y fuera también.

Cuando estoy triste
Tomas mi mano.
Cuando estás triste
Yo te comprendo.

Amigos para siempre,
Espero que seamos,
Por lo menos
Hasta los cien años.
—Gwen Ellis

Ahora entérate acerca de dos de los mejores amigos que aparecen en la Biblia.

1 Samuel 18.1–16; 20

David y Jonatán eran muy buenos amigos. El padre de Jonatán, Saúl, era el rey de Israel. El príncipe Jonatán habría sido el próximo rey, pero Dios había escogido a David en su lugar. El pueblo amaba a David. Eso hizo que el rey Saúl se enojara y sintiera celos. Él tenía miedo de David y quería matarlo. Cuando Jonatán supo eso, le avisó a David y lo ayudó a huir a un lugar seguro, donde nadie pudiera hacerle daño. Hasta le regaló a David su manto.

Vamos a leer y a compartir

¡Hablemos de . . . !

★ ¿Quién era el mejor amigo de Jonatán?

★ ¿Quién era el padre de Jonatán?

★ ¿Por qué el rey Saúl estaba enojado y celoso?

Comparte el amor de Dios

Seguramente David pensaba en su amigo Jonatán cada vez que veía el manto que él le había regalado. A continuación veamos algo divertido que puedes hacer con tus amigos para mostrarles tu cariño.

> ### AMISTAD
>
> Haz un brazalete de la amistad con un pedazo de cinta bordada. Mide cuidadosamente la cinta en la muñeca de tu amigo antes de cortarla para que no le apriete. Luego añádele a esa medida cuatro pulgadas o doce centímetros (o los que sean suficientes para hacerle un nudo al final). Corta la cinta. Ahora ponla otra vez en la muñeca de tu amigo y hazle un nudo doble. Pídele a un adulto que corte la punta de la cinta cerca del nudo. ¡Has terminado tu brazalete de la amistad!

Oración

Querido Señor: Bendice a mis amigos y ayúdanos a ser amigos como Jonatán y David. Amén.

Sé amable

No te apartes nunca del amor y la verdad. —PROVERBIOS 3.3

¿Alguna vez has dejado a un amigo estrenar alguno de tus juegos o juguetes? ¡Bravo por ti! ¿Sabías que cuando eres amable no solo alegras a los demás, sino también a Dios?

Cuando su mamá le dijo que irían a casa de la señora Gómez, una anciana de la iglesia, para ayudarla, Tomás pensó que sería aburrido. Pero estaba equivocado. La señora Gómez contaba historias maravillosas y hacía pasteles muy ricos. A partir de entonces Tomás deseaba pasar tiempo con ella. Él mostraba su amabilidad siendo cortés y ayudándola en cosas como abrir la puerta del auto. Ser amable es una de las formas que tenemos para mostrar el amor de Dios.

Historia bíblica

1 Samuel 31; 2 Samuel 1.1–4; 5.1–4; 9

Jonatán, el mejor amigo de David, murió. Después de que David se convirtió en rey, quiso mostrar su bondad hacia Jonatán ayudando a alguien que estuviera vivo de la familia de Saúl. David supo que el hijo de Jonatán, Mefiboset, estaba lisiado de ambos pies y viviendo en Lo Debar. David fue muy amable con Mefiboset. Él trató al hijo de Jonatán como si fuera uno de sus hijos y siempre comió en su mesa. También se aseguró de que todas las propiedades de Jonatán le fueran devueltas a Mefiboset, que le cultivaran su tierra y que tuviera alimento para comer. Mefiboset vivió en Jerusalén y David se encargó de él durante toda su vida. David fue amable.

Vamos a leer y a compartir

¡Hablemos de . . . !

★ ¿Quién era Mefiboset?
★ ¿De qué manera fue amable David con Mefiboset?

Comparte el amor de Dios

Si tú hubieses sido Mefiboset, ¿cómo te habría hecho sentir la amabilidad de David? ¿Son tus modales tan buenos como los de David? Este es un pequeño examen de amabilidad.

> ### PEQUEÑA PRUEBA DE AMABILIDAD
>
> [Responde: Verdadero o falso.]
>
> 1. Cuando alguien hace algo bueno por ti, no debes decirle nada.
> 2. Ayudar a recoger los platos de la mesa, después que terminas de comer, es bueno.
> 3. Cuando te hacen un regalo, debes decir: «Gracias».
> 4. Si ves un grupo de niños esperando su turno para montar en un aparato, es bueno que los saques de la fila a empujones y te montes tú primero.

[1. F / 2. V / 3. V / 4. F]

Oración

Amado Señor: Quiero ser un niño amable, que piense primero en los demás. Por favor, ayúdame a tener buenos modales. Amén.

Vamos a compartir

«Haz a otros todo lo que quieras que te hagan a ti». —Mateo 7.12

Tania sacó de su mochila una manzana. «¿Quieres?», le preguntó a Cintia. Ella aceptó, pero los hermanos pequeños de Cintia también querían. ¿Qué deben hacer las niñas? Esta es una pista: Dios quiere que tratemos a los demás de la misma forma que nos gusta que nos traten. Lee la siguiente historia para que encuentres otra pista.

Isabel no quería compartir sus juguetes. No entendía cómo sus amigas se sentían debido a su comportamiento egoísta hasta un día que fue a casa de Ana a jugar. Cuando Isabel quiso jugar con la hermosa casa de muñecas de Ana, ella no se lo permitió. A Isabel no le gustó que no la dejaran jugar con la casa de muñecas. Por eso, en ese mismo momento, decidió que trataría a sus amigas de la misma forma que quería que ellas la trataran. Ahora Isabel y sus amigas se divirtieron más.

1 Reyes 17.1–16.

La nación de Israel estaba viviendo tiempos difíciles. El pueblo no le había sido fiel a Dios y por eso no les mandaba lluvia. Así que Dios envió a Elías a otro lugar donde había un arroyo. Allí Elías tenía agua para beber y los pájaros le traían pan y carne. Pasados unos días el arroyo se secó. Entonces Dios le dijo a Elías que fuera y le pidiera comida a cierta mujer.

Elías fue adonde Dios le mandó y le pidió a la mujer de comer. Ella le contestó que solo le quedaba harina y aceite suficiente para una comida para ella y su hijo, y que entonces morirían de hambre. Elías le dijo que cocinara primero para él, y ella y su hijo no morirían de hambre. Como la mujer tenía un corazón generoso fue e hizo como Elías le había pedido y cocinó para él un pedazo de pan. ¿Sabes qué ocurrió? Dios hizo que la comida de aquella mujer no se acabara, sino que durara para que ella, su hijo y Elías comieran hasta que hubo alimento otra vez en aquella tierra.

Vamos a leer y a compartir

¡Hablemos de . . . !
★ ¿Qué le dijo Dios a Elías que hiciera?
★ ¿Qué hizo la mujer para ayudar a Elías?
★ ¿Qué proveyó Dios para la mujer, su hijo y Elías?

Comparte el amor de Dios

Al darle comida a Elías, la mujer estaba haciendo algo que Dios quiere que todos hagamos: ¡Compartir! Ella estaba tratando a Elías de la misma manera que deseaba ser tratada.

Esta es una forma divertida para comenzar a pensar en cosas que puedes compartir. Comienza por dibujar un corazón en un pedazo de papel. Luego dibuja líneas que lo atraviesen y lo dividan en cuatro partes. En cada parte dibuja algo que te sea difícil compartir pero que vas a empezar a compartir para agradar a Dios. Habla con tu familia acerca de las maneras en las que puedes comenzar a hacerlo. Después decide qué harás la próxima vez que te pidan que compartas algo. Ahora tienes un corazón generoso.

Oración

Amado Dios: Ayúdame a aprender a compartir con otros como tú deseas que lo haga. Amén.

Fuego del cielo

Oren a Dios en todo tiempo. —EFESIOS 6.18

Todos los días hablas con muchas personas, tu familia, amigos, profesores y quizás hasta con tu osito de peluche. Pero, ¿sabías que Dios quiere que hablemos con Él todos los días también? Hablar con Dios es orar. Y tú puedes hablar con Él en todo momento y en todo lugar. Dios puede ayudarnos con nuestros problemas, pequeños o grandes, todo lo que tenemos que hacer es pedirle que nos ayude. No tenemos que gritar.

Julio quería un osito.
¡Lo quería AHORA!
No lo compartía.
Él gritó, pataleó
y lanzó cosas.
Con una voz fuerte dijo:
«¡Me lo merezco!»

A mamá no le gustó eso.
A Dios tampoco.
Su hermana sí recibió el osito.
Y ella dijo: «Gracias».
—Laura Minchew

Lee la historia bíblica de hoy y descubre lo que sucedió cuando Elías habló con Dios.

1 Reyes 18.1, 15–46

Después de casi tres años sin lluvia, el pueblo de Israel estaba desesperado por agua. Así que todos los 450 profetas que oraban al dios falso llamado Baal se encontraron con Elías, el profeta del único Dios verdadero en la cima de una montaña. El grupo de profetas construyó un altar para Baal, colocó leña en él y entonces puso una ofrenda de carne encima de la leña. Elías hizo lo mismo, pero su altar era para Dios.

Los profetas gritaron y gritaron desde la mañana hasta bien entrada la tarde, rogándole a Baal que les contestara y enviara fuego. Nadie respondió. No vino ningún fuego. (Eso sucedió porque Baal no es dios. Hay solo un Dios. ¿Sabes quién es?)

Ahora era el turno de Elías. Él hizo que las personas les echaran agua a la leña y a la carne de la ofrenda hasta que el altar se mojó completamente. Todos allí sabían que el altar estaba demasiado mojado para que el fuego prendiera. Entonces Elías oró al Dios verdadero para que enviara fuego que quemara la ofrenda. Y Dios mandó fuego, tanto que quemó todo el altar. ¡Estupendo! Dios respondió la oración de Elías y demostró que era el Dios verdadero.

Vamos a leer y a compartir

¡Hablemos de . . . !

★ ¿Cuánto tiempo había pasado sin que lloviera en el pueblo de Israel?

★ ¿Qué hicieron los profetas del dios falso Baal?

★ ¿Qué hizo Elías cuando llegó su turno?

Comparte el amor de Dios

¿Es bueno saber que puedes hablar con Dios sobre cualquier cosa? A Él le interesa lo que piensas y sientes. ¿Te pasó algo emocionante? Díselo a Dios. Todos tenemos días buenos y días no tan buenos. ¿Qué tipo de día es cuando . . .

✤ Te caes en un pantano?

✤ Aprendes algo nuevo?

✤ Te raspas la rodilla?

✤ Vas a nadar a una piscina y está llena de gelatina?

Oración

Querido Dios: Sé que eres un Dios poderoso y que no hay nada imposible para ti. Es por eso que oro a ti. Gracias por escuchar mis oraciones. Amén.

Una persona honesta

«Digan siempre la verdad». —ZACARÍAS 8.16

¿Dices la verdad y tratas de hacer lo correcto siempre? ¿Si te encontraras una billetera la devolverías? ¿Aunque tuviera dinero adentro? A veces parece que decir mentiras y ser deshonesto es más fácil que decir la verdad. Pero Dios quiere que digamos siempre la verdad.

¿Sabías que uno de los presidentes de Estados Unidos fue un hombre tan honesto que lo llamaron «Abe el honesto»? Su nombre verdadero era Abraham Lincoln. Se cree que le pusieron ese apodo siendo aun joven y dependiente en una tienda. Un día se equivocó al darle el cambio a un cliente. Cuando se dio cuenta de su error, caminó una larga distancia para darle el vuelto correcto a aquella persona.

En la historia bíblica de hoy, veremos que decir mentiras trae muy malas consecuencias.

77

1 Reyes 21—22.39

Un día el rey Acab fue a ver a su vecino Nabot, y le pidió que le diera su tierra para hacer una huerta de hortaliza. Nabot le respondió: «No». Entonces el rey se puso muy furioso. Cuando le contó a su esposa, la reina Jezabel, ella se enfureció mucho también.

Entonces la reina ideó un plan que los ayudaría a obtener la tierra de Nabot. En aquel tiempo, la ley prohibía hablar mal de Dios o del rey. La reina Jezabel consiguió algunas personas que dijeran que Nabot había dicho cosas malas contra Dios y contra el rey.

El rey y la reina sabían que era mentira, pero permitieron que mataran a Nabot por algo que no había hecho porque querían adueñarse de su tierra.

Más tarde, el rey Acab y la reina Jezabel murieron de forma terrible a causa de todas sus mentiras y malas acciones.

Vamos a leer y a compartir

¡Hablemos de . . . !

★ ¿Qué querían el rey Acab y la reina Jezabel?

★ ¿Qué hicieron para obtener lo que querían?

★ ¿Qué les sucedió al rey Acab y a la reina Jezabel?

Comparte el amor de Dios

¡Uf! Esa historia no tuvo un final feliz. Dios quiere que sepamos que las mentiras y las malas acciones pueden lastimar no solo a los demás, sino también a los mentirosos y a los que hacen el mal. Comparte el amor de Dios diciendo siempre la verdad, siendo honesto con todas las personas que conoces. Si le has dicho una mentira a alguien, pídele perdón. Diviértete con este juego y averigua si puedes identificar claramente cuando alguien dice verdad o mentira.

¿VERDAD O MENTIRA?

Alguien será el orador. Este puede escoger entre decir la verdad o una mentira. El resto de las personas adivinarán si el orador estaba diciendo la verdad o una mentira. Deben turnarse para que todos tengan la oportunidad de ser el orador. ¿Quién fue el que más adivinó?

Oración

Amado Señor: Ayúdame a decir siempre la verdad. Amén.

Fiel

«Sé fiel hasta la muerte y yo te daré la corona de la vida».
—APOCALIPSIS 2.10

En el Parque Yellowstone puedes encontrar algo realmente increíble llamado el géiser Old Faithful. Quizá lo has visto. Es un hoyo en el suelo que lanza agua caliente cada 60 a 90 minutos. Nadie sabe por cuánto tiempo lo ha estado haciendo o cuándo fue descubierto, pero se nombró así en 1879 debido a su fidelidad al expulsar el agua caliente. Y todavía hoy lo sigue haciendo.

> Lo puedes ver tú mismo **si lo deseas.** Pídele a un adulto que te ayude a buscar en Internet el sitio del Parque Yellowstone. En el menú que aparece del parque, haz clic en Old Faithful.

En la historia bíblica de hoy, leeremos sobre Elías, uno de los fieles seguidores de Dios. Dios quiere que nosotros también seamos fieles viviendo cada día para Él.

Historia bíblica

2 Reyes 2.1–12

Elías era un fiel siervo de Dios. Se mantuvo fiel aun cuando una reina malvada lo amenazó y tuvo que esconderse en el desierto. Aunque Elías ya era anciano, seguía sirviendo a Dios fielmente. Enseñaba a su ayudante Eliseo a hacer lo mismo. Eliseo iba con él a todas partes hasta que un día sucedió algo increíble.

Un carro de fuego con caballos de fuego bajó del cielo y ¡zuum!, un torbellino se llevó a Elías directo al cielo. Elías fue fiel a Dios hasta el final. Y Dios fue fiel al llevarlo directo al cielo a estar con Él para siempre.

¡Hablemos de . . . !

★ ¿Qué tipo de siervo de Dios era Elías?

★ ¿Hacia dónde fue Elías en el torbellino?

Comparte el amor de Dios

¡Estupendo! Es tremendo cómo llevó Dios a Elías al cielo. Y es bueno saber que un día nosotros también iremos al cielo si somos seguidores fieles de Dios. ¿Cuán fiel eres tú? Haz este pequeño examen.

ERES FIEL A DIOS CUANDO . . .

[Responde: Verdadero o falso.]

1. Haces lo correcto.
2. Dices la verdad.
3. Dices una mentira.
4. Obedeces a Dios aun en los momentos difíciles.

[1. V / 2. V / 3. F / 4. V]

Oración

Amado Señor: Estoy aprendiendo a ser fiel. Ayúdame a ser leal, auténtico y cumplidor en todo lo que hago. Amén.

Dios provee

¡Alabado sea el Señor, alabado sea nuestro Dios y Salvador!
Porque día tras día nos lleva cargados en sus brazos. —SALMO 68.19

¿Cuántos nombres tienes? Piensa. Tienes un primer nombre y quizás uno más. Tienes dos apellidos y tal vez un apodo. Te pueden llamar hijo o hija, sobrina o sobrino, nieto o nieta. Algunas veces tu nombre dice algo de ti.

¿Sabías que Dios tiene varios nombres que lo describen también? Uno de los nombres de Dios significa: «El Señor provee». Dios nos da lo que necesitamos. A veces lo hace por medio de otros que nos ayudan. En la historia bíblica de hoy, veremos cómo usó Dios a Eliseo para ayudar a alguien que lo necesitaba.

Dios ha enviado personas a ayudarte a ti también. Esas personas pueden ser tu mamá, tu papá, tu abuela, tu abuelo, tu tía, tu tío, tu hermano, tu hermana, tu maestro o tu amigo. Rápido, menciona tantas personas como puedas que Dios haya enviado a ayudarte.

¡Preparado,
       listo,
            YA!

2 Reyes 4.1–7

Una mujer fue a ver a Eliseo, el profeta de Dios, para pedirle ayuda. Ella estaba muy triste. Su esposo había muerto y le debía mucho dinero a un hombre. Si no pagaba la deuda, aquel hombre se llevaría a sus dos hijos y los convertiría en sus esclavos. Eliseo le preguntó a la mujer qué tenía en casa. La mujer le respondió: «No tengo nada, excepto una pequeña vasija de aceite».

Eliseo le dijo que consiguiera todas las vasijas vacías que sus vecinos pudieran prestarle. «Toma tu pequeña vasija de aceite y comienza a llenar las vasijas vacías», le dijo Eliseo. La mujer hizo como él le había dicho. Ella echó y echó y echó aceite hasta que todas las vasijas se llenaron. Entonces la mujer tomó las vasijas y comenzó a vender el aceite para pagar su deuda. Ahora sus hijos podían quedarse en casa. Además ella y sus dos hijos tenían dinero suficiente para vivir. ¡Qué bueno! Dios hizo provisión para ella.

Vamos a leer y a compartir

¡Hablemos de . . . !

★ ¿Cuál era el problema de la mujer?

★ ¿Qué le dijo Eliseo que hiciera?

★ ¿Qué hizo Dios por ella y por sus hijos?

Comparte el amor de Dios

¡Una vasija de aceite! ¿Quién hubiera sabido que eso era lo único que la mujer y sus hijos necesitaban? Pero Dios sí lo sabía y envió a Eliseo para que la ayudara. Aún hoy Dios envía personas para ayudar a otros. Dios envía a personas como tú para proveer lo que otros necesitan. Algunas veces lo que una persona necesita es tan pequeño como alguien que abra una puerta. Otras veces es algo muy grande, como alguien que adopte a un niño o dé alimento a los que tienen hambre. Tú nunca sabes como Dios te va a usar para ayudar a otros, pero puedes estar seguro de que lo hará.

> Menciona cinco maneras en las que Dios
> te ha usado a ti y a tu familia
> para ayudar a otros.

Oración

Amado Señor: Estoy contento porque provees para mis necesidades. Por favor, úsame para ayudar a otros cada vez que pueda. Amén.

¡Achís!

¡Gracias por haberme hecho tan admirable! —Salmo 139.14

Dios inventó el estornudo para protegernos. Hay una historia maravillosa en la Biblia acerca de un pequeño niño que estornudó muy fuerte. ¿Cómo crees que fue? ¿Y por qué fue tan importante el estornudo? Lee la historia bíblica de hoy en la página siguiente y descúbrelo.

DATOS SOBRE LOS ESTORNUDOS

- Estornudas para despejar tus vías respiratorias.
- ¿Interviene todo tu cuerpo en un estornudo? Primero te pica la nariz, luego tu cerebro te dice que estornudes y, por último, tus músculos se preparan para el gran evento.
- La mayoría de las personas cierra los ojos cuando estornuda. ¿Y tú?
- Estornudas al oler la pimienta.
- La velocidad de un estornudo puede ser de más de cien millas (ciento sesenta kilómetros) por hora.

Historia bíblica

2 Reyes 4.8–37

A menudo Eliseo se quedaba en casa de una mujer de Sunén, su esposo y su hijo. La familia hasta había construido un cuarto especial para Eliseo en el techo de su casa.

Un día, el niñito se enfermó de repente cuando salió al campo donde su padre recogía el grano. Ellos llevaron el niño a casa, pero nadie pudo hacer algo. El niñito murió. La mujer de Sunén colocó al niño en la cama de Eliseo. Ella se apresuró a buscar a Eliseo para que la ayudara con su niño. Eliseo fue con ella de regreso a su casa y oró. Entonces escucharon un repentino: «¡Achiis!» El niñito estornudó. Estornudó seis veces más y abrió sus ojos. Fue un milagro. Dios había resucitado al niñito.

Vamos a leer y a compartir

¡Hablemos de . . . !

★ ¿Qué le pasó al niñito?

★ ¿Qué hizo Dios cuando Eliseo oró por él?

Comparte el amor de Dios

¿Alguien te ha dicho alguna vez: «¡Salud!», cuando estornudaste? Muchas personas lo hacen, y esa es siempre una buena forma de compartir el amor de Dios, ya que al hacerlo es como si oraras por esa persona.

ESTORNUDOS GRACIOSOS

Busca un papel. Luego dibuja en él un círculo para cada miembro de tu familia. Ahora piensa cómo estornuda cada persona. Dibuja la boca y la nariz para mostrar el estornudo de esa persona. ¿Se ve cómico? ¿Recordaste dibujar un círculo para ti?

Oración

Amado Señor: Tú fuiste quien me dio mi respiración y mis estornudos. Gracias por mi asombroso cuerpo. Amén.

El hacha prestada

Cada uno debe buscar no sólo su propio bien, sino también el bien de los demás. —FILIPENSES 2.4

¿Cómo te sientes cuando se te pierde algo? ¿Te pones triste? ¿Y si es algo que habías pedido prestado a un amigo? Entonces tu amigo se pondrá triste también. Cuando pedimos algo prestado, debemos cuidarlo como si fuera lo más importante que tenemos en la vida, no importa si es algo muy pequeño o muy grande, si costó mucho dinero o si no costó nada. En la historia bíblica de hoy leeremos sobre un hombre que estaba muy triste porque se le había perdido algo que era prestado. Mira lo que Eliseo, el profeta de Dios, hizo para ayudar al hombre.

93

2 Reyes 6.1–7

Hace mucho tiempo las herramientas de trabajo se hacían a mano. Ellas eran caras y poco comunes. Un día algunos profetas talaban árboles con hachas pesadas para construirse un lugar donde vivir. Mientras trabajaban, un hombre dio un golpe fuerte a un árbol con el hacha. Cuando lo hizo, la pesada cabeza de hierro del hacha se salió del mango y fue a parar al agua donde rápidamente se hundió.

«Oh no», gritó el hombre. «¡Era un hacha que yo había pedido prestada!» Él estaba muy triste pues ahora no podía devolverle el hacha a su dueño.

Eliseo, el profeta, estaba allí. Así que preguntó: «¿Dónde cayó el hacha?» El hombre le mostró el lugar. Entonces Eliseo cortó un palo, lo echó al agua y la parte de hierro del hacha flotó. Así aquel hombre pudo recoger el hacha. Eso fue un milagro.

Vamos a leer y a compartir

¡Hablemos de . . . !

★ ¿Qué pasó con el hacha mientras el hombre cortaba árboles?

★ ¿Qué hizo Eliseo?

★ ¿Qué flotó en la superficie del agua?

Comparte el amor de Dios

¿Crees que el hacha hubiera flotado sin la ayuda de Eliseo? Haz el experimento siguiente.

LA MONEDA SUMERGIDA

Para este experimento necesitas un vaso transparente o una taza plástica, agua limpia y una moneda. Pon ¾ de agua en el vaso y colócalo donde todos puedan verlo. Luego echa la moneda dentro del vaso. ¿Flotó la moneda? Un hacha es mucho más pesada que una moneda. Comparte el amor de Dios contándole a alguien sobre el milagro del hacha flotante.

Oración

Querido Señor: Ayúdame a cuidar todo lo que tome prestado como si fuera mío. Quiero cuidar bien todas las cosas que use. Gracias, Señor. Amén.

Yo te escogí

«¿Y quién sabe si no es para ayudar a tu pueblo en un momento como éste que has llegado a ser reina?» —ESTER 4.14

¿Alguna vez te han escogido para una tarea especial? Eso puede ser muy divertido, pero a veces da un poco de miedo también. Quizá te han escogido para ayudar a un maestro, hablar sobre algún viaje que hayas hecho, entonar una canción o para ser uno de los jugadores de un equipo. Leamos juntos la historia bíblica de hoy que nos cuenta acerca de una reina joven y hermosa que Dios escogió para una gran tarea. Ella vivía en un lugar llamado Persia, que hoy se conoce con el nombre de Irán. Si quieres saber dónde está ubicado, pídele a alguien que te ayude a encontrarlo en un mapa.

Historia bíblica

Ester 1—9

Ester era una joven común que vivía en Persia y que Dios escogió para hacer algo extraordinario. Primero, fue elegida reina de aquella tierra. Luego, uno de los hombres del rey se propuso acabar con el pueblo de Dios.

Cuando Mardoqueo, primo de la reina Ester, se enteró del plan, decidió ir a verla para contarle. Él sabía que Dios podía usar a Ester para salvar a su pueblo. Por eso le dijo: «Quizá Dios te permitió llegar al trono precisamente para un momento como este».

Lo que Ester hizo después fue un acto de valentía. Pues aunque el rey podía mandarla a matar, Ester se presentó delante del rey y le pidió que salvara a su pueblo. El rey le concedió su petición. ¡Bravo, Ester!

Vamos a leer y a compartir

¡Hablemos de . . . !

★ ¿Dónde vivía Ester?

★ ¿Para qué la escogió Dios?

★ ¿Qué sucedió cuando obedeció a Dios?

Comparte el amor de Dios

Dios escoge a personas para hacer su obra. Tú puedes compartir el amor de Dios ayudando a hacer su obra aquí en la tierra. ¿Cuáles son algunas de las cosas que puedes hacer para ayudar a Dios a realizar su obra?

✤ Tal vez puedas darle algunos de tus juguetes a alguien que no tiene ninguno.

✤ Quizás hay algo que puedes hacer para ayudar a tus padres, abuelos y aun a tus hermanos y hermanas.

¿Qué más crees que puedes hacer para ayudar a Dios en su obra? Pídele a un adulto que te ayude a elaborar un plan. Luego cúmplelo. Te sentirás contento de haberlo hecho.

Oración

Amado Señor: Ayúdame a pensar en las cosas que puedo hacer para ser tu ayudador. Amén.

El tiempo oportuno

Para todo hay un tiempo oportuno. —ECLESIASTÉS 3.1

¿Se te hace difícil decidir qué es lo más importante cuando tienes que tomar alguna decisión? Todas las cosas tienen un orden, aun tus zapatos y tus medias. ¿Qué pasaría si primero te pones los zapatos y luego las medias? No podrías hacerlo, ¿verdad? Por tanto, la mejor opción es ponerte las medias y luego los zapatos. Ahora, si tuvieras que escoger entre ver tu programa de televisión preferido y hacer la tarea, ¿qué deberías hacer primero? La Biblia nos dice que hay un tiempo oportuno para todo lo que Dios nos ha ordenado que hagamos.

ORDEN PARA ACOSTARSE

Diviértete enumerando estas cosas de la mejor forma posible

___Acostarse.

___Tener dulces sueños.

___Cepillarse los dientes.

___Merendar.

___Orar.

Eclesiastés 3.1–8

Un hombre sabio escribió en la Biblia que todo tiene un momento oportuno en la vida. Hay ciertas cosas que no podemos decidir, como cuándo vamos a nacer. Pero hay otras que sí, por ejemplo cuándo callarnos y cuándo hablar, cuándo abrazar a alguien y cuándo no hacerlo, cuándo estar contentos y cuándo tristes. Dios quiere que sepamos escoger bien el tiempo para hacer cada cosa. Y que dejemos que Él se encargue de las cosas que no podemos decidir o cambiar. Él controla todo.

Vamos a leer y a compartir

¡Hablemos de . . . !

★ ¿Qué dice la Biblia acerca del tiempo para cada cosa?
★ ¿Qué tipo de decisiones quiere Dios que tomemos?

Comparte el amor de Dios

¿Verdad que es grandioso que haya un tiempo para cada cosa? Hay un tiempo para estar despiertos y otro para dormir. Hay un tiempo para salir y otro para estar en casa. Hay un tiempo para trabajar y otro para jugar.

ES TIEMPO

Dibuja algunos relojes para tu cuarto. Pueden ser digitales o no. Cada uno debe mostrar la hora en que tú o tu familia realizan una actividad específica. Escribe encima de tu reloj lo que haces a esa hora. ¿Comer? ¿Ir a la iglesia? ¿Acostarte? Haz todos los relojes que necesites.

Oración

Querido Señor: Por favor, ayúdame a mí y a mi familia a elegir bien lo que hacemos. Amén.

Los ángeles de Dios te cuidan

«Nunca menosprecien al creyente humilde, porque su ángel tiene en el cielo constante acceso al Padre». —MATEO 18.10

¿Sabías que Dios manda a sus ángeles para que nos cuiden? Dios nos promete en la Biblia que ordenará a sus ángeles que nos cuiden. Vamos a leer todos juntos la promesa de Dios que aparece a continuación.

Porque él ordena a sus ángeles
Que te protejan por dondequiera que
*   vayas...*
Porque el Señor dice: «Por cuanto me ama,
*   yo lo libraré;*
lo protegeré porque confía en mi nombre.
Cuando me llame, yo responderé;
estaré con él en la angustia,
lo libraré y lo honraré.
Le daré muchos años de vida y
le daré mi salvación».
—Salmo 91.11, 14–16

Ahora lee la historia bíblica de hoy y verás cómo ayudó el ángel de Dios a Daniel.

105

Historia bíblica

Daniel 6.11–28

Daniel era un hombre que amaba a Dios con todo su corazón. Oraba a Dios tres veces al día. El rey planeaba poner a Daniel a cargo de todo el reino. Eso hizo que algunos líderes sintieran celos y por eso engañaron al rey para que echara a Daniel en un foso de leones hambrientos.

Pero Dios envió a su ángel para que cuidara a Daniel. El ángel les cerró las bocas a los leones de manera que no pudieron morder a Daniel.

A la mañana siguiente, el rey ordenó que sacaran a Daniel del foso de los leones. Daniel estaba perfectamente bien porque había confiado en Dios.

Vamos a leer y a compartir

¡Hablemos de . . . !

★ ¿Qué le sucedió a Daniel?

★ ¿A quién mandó Dios para que ayudara a Daniel?

Comparte el amor de Dios

Haz un ángel para cada uno de los miembros de tu familia y para cada uno de tus amigos. Luego, cuéntales cómo nos cuidan los ángeles de Dios. Si haces eso estarás compartiendo con ellos el amor de Dios. Para cada ángel necesitarás dos filtros redondos de café, goma de pegar, colores y un pedazo de cartulina o fieltro.

1. **Alas:** Dobla un filtro por la mitad y ponlo a un lado.

2. **Cuerpo del ángel:** Dobla el segundo filtro de manera que forme un cono que se cierre por detrás. Pega los bordes con goma. Luego pega las alas al cono como se ilustra en la figura.

3. **Rostro del ángel:** Recorta un pequeño círculo de la cartulina o del fieltro y pinta en él un rostro. Pégalo en la parte superior del cono.

Oración

Amado Señor: Gracias por mandar ángeles para que me cuiden.
Aunque no los puedo ver, sé que están ahí porque tu Palabra lo dice. Amén.

Obedeceré

Hijos, obedezcan a sus padres en todo, porque esto agrada al Señor.
—COLOSENSES 3.20

¿Alguna vez te pidieron tus padres que hicieras algo que realmente no tenías deseos de hacer? ¿Lo hiciste simplemente porque te lo pedían? Si fue así, ¡bien por ti! Eso es obedecer. Esta es una forma divertida de averiguar qué más sabes acerca de la obediencia.

PEQUEÑA PRUEBA DE OBEDIENCIA

[Responde: Verdadero o falso.]

1. Por lo general, cuando los niños desobedecen se ganan un helado.
2. Los adultos no tienen que cumplir las reglas.
3. Dios quiere que los hijos obedezcan a sus padres.
4. Dios quiere que todos lo obedezcan.
5. Se establecen reglas para mantenernos a salvo.

[1. F / 2. F / 3. V / 4. V / 5. V]

Jonás 1—3.10

Dios le había dicho a Jonás que fuera a la ciudad de Nínive y les predicara a las personas en ese lugar. Pero a Jonás no le agradaban esas personas así que desobedeció a Dios. Se subió a un barco que iba en dirección opuesta a Nínive.

Mientras huía, una gran tormenta comenzó a hundir el barco. Todos estaban asustados por la tormenta.

Entonces Jonás les dijo a los marineros que lo lanzarán al mar y la tormenta iba a cesar. ¡Así lo hicieron y la tormenta cesó! Inmediatamente un gran pez se tragó a Jonás.

110

Dios permitió que Jonás estuviera en el estómago de aquel pez viejo, que olía muy mal, por tres días, hasta que oró a Dios y prometió que le obedecería.

Entonces el pez vomitó a Jonás en tierra firme. Jonás se fue directo a Nínive y les predicó a las personas de aquella ciudad.

Vamos a leer y a compartir

¡Hablemos de . . . !

★ ¿Por qué Jonás decidió desobedecer a Dios?

★ ¿Qué hizo Jonás?

★ ¿Qué hizo a Jonás cambiar de opinión y obedecer a Dios?

Comparte el amor de Dios

Algunas veces nosotros somos igual que Jonás: no queremos hacer lo que Dios nos pide. Los propósitos de Dios siempre son buenos. Él sabe todo acerca de ti. Y sabe que es lo mejor. Obedecer a Dios es una buena forma de mostrarle que lo amas. Ahora diviértete con este juego que solo puedes ganar si obedeces.

SIMÓN DICE

Para este juego se necesita a una persona que haga de Simón. Simón debe estar parado en frente del grupo. Nadie puede moverse hasta que Simón lo diga. Cuando él da una orden (como: «Simón dice que hagan un círculo»), todos deben cumplirla. Pero si Simón da una orden (como: «Dice que hagan un círculo») sin decir: «Simón dice», nadie se puede mover y el que lo haga, pierde. La última persona que quede jugando es la más obediente.

Oración

Querido Dios: Ayúdame a obedecer, aun cuando no tenga deseos de hacerlo. Amén.

La familia de Dios

Miren cuánto nos ama el Padre que somos llamados hijos de Dios.
—1 JUAN 3.1

Hay familias de todo tipo. ¿Cómo describirías a tu familia? Las familias son importantes para Dios. Son tan importantes para Él que aun cuando Dios podía haber mandado a su Hijo a la tierra como un hombre, no lo hizo. Él envió a Jesús como un pequeño niño para que formara parte de una familia terrenal con María como su madre y José como su padre.

¿Sabías que cualquiera que cree en Jesús puede ser parte de la familia de Dios? ¡Vaya! ¡Esa sí que es una familia grande! Piensa en todas las personas que serían tus parientes si te unes a la familia de Dios. Podrías estar contando horas, días, meses, incluso años y aún así no lograrías contarlos a todos.

Lucas 1.26—2.52; Juan 19.25-27; Mateo 1.18—2.23

Cuando Dios determinó mandar a su Hijo al mundo, escogió a María y a José, una pareja que se iban a casar muy pronto. Dios envió a un ángel para que le dijera a María que iba a tener un hijo. Luego Dios envió un ángel para que hablara también con José y le dijera que debía hacer una casa para María y el niño. Jesús nació en Belén, y allí fueron los pastores y los hombres sabios a adorarlo.

Después Jesús vivió en Nazaret,
donde sus padres, María y José, lo
cuidaron hasta que se hizo
hombre. Y Jesús obedecía a sus
padres. Nunca se olvidó de ellos
ni del lugar seguro que le dieron
para vivir. Aun cuando estaba
muriendo en la cruz, Jesús pensó
en su madre.

Vamos a leer y a compartir

¡Hablemos de . . . !
★ ¿Quiénes fueron los padres de Jesús en la tierra?
★ ¿Cómo se comportó con ellos?

Comparte el amor de Dios
¿Verdad que es maravilloso saber que puedes formar parte de la familia de Dios? Diviértete haciendo un árbol genealógico, incluye en él algunos de los personajes de la Biblia que también son hijos de Dios. Recuerda incluirte también a ti. Este es un ejemplo:

Dios el Padre

↓

Jesús el Hijo de Dios

↓

Otros hijos de Dios . . .
(Noé, Abraham, Moisés, María, José y otros creyentes)

↙   ↓   ↘

_____, _____, _____

↓

Y yo.

Oración
Amado Señor: Gracias por hacer una familia muy grande con todos los que creen y por invitarnos a todos a formar parte de tu familia. Amén.

El cumpleaños de Jesús

¡Gracias a Dios por el regalo tan maravilloso que nos ha dado, y que no podemos expresar con palabras! —2 CORINTIOS 9.15

Cuando reflexionas en la Navidad, ¿piensas en árboles y regalos? ¿Sabías que la Navidad es el tiempo en que muchos cristianos celebran el nacimiento de Jesús? Es cierto, durante ese tiempo los cristianos hacen una gran fiesta por el cumpleaños de Jesús. Hace muchos años, cuando Jesús nació, algunos pastores recibieron la noticia a través de un mensajero de Dios; un ángel. Y aún hoy nosotros cantamos acerca de lo que los ángeles dijeron. Entona la canción que tenemos a continuación:

ÁNGELES CANTANDO ESTÁN

Oh, venid pronto a Belén
Para contemplar con fe
A Jesús, autor del bien,
Al recién nacido Rey.
—George P. Simmonds (selección)

Lee la historia bíblica de hoy y descubre qué pensaron los pastores cuando vieron al ángel y cómo encontraron al niño Jesús.

117

Lucas 2.8–20

La mejor noticia en todo el mundo llegó a los pastores cuando cuidaban sus ovejas. De repente, un ángel en una luz resplandeciente apareció para decirles algo maravilloso. Cuando los pastores vieron al ángel tuvieron miedo.

«¡No tengan miedo!», les dijo el ángel. «Les traigo buenas noticias. Su Salvador ha nacido en Belén esta noche. Él es Cristo el Señor. Lo encontrarán envuelto en pañales y acostado en un pesebre».

Entonces un grupo muy grande de ángeles se unió al primer ángel. Todos ellos alabando a Dios. Cuando los ángeles volvieron al cielo, los pastores fueron hasta Belén y encontraron a María y José y vieron al bebé acostado en un pesebre. Tal como el ángel les había dicho.

Vamos a leer y a compartir

¡Hablemos de . . . !

★ ¿Quiénes escucharon la noticia del nacimiento de Jesús mientras cuidaban las ovejas?

★ ¿Quién les dio la noticia?

Comparte el amor de Dios

La Navidad es una de las mejores épocas del año para compartir el amor de Dios. Haz algunas tarjetas de Navidad para tu familia y amigos. Dibuja en ellas los siguientes gráficos:

❖ ángeles,
❖ pastores,
❖ niño Jesús.

Así tus tarjetas servirán para contarles a otros sobre las buenas nuevas del nacimiento de Jesús. Si hay otras personas haciendo tarjetas contigo, compartan lo que ustedes hubieran pensado si fueran uno de aquellos pastores y el ángel que se les apareció.

Oración

Amado Jesús: Gracias por venir a salvarme. Te amo. Amén.

El cumplimiento de la promesa de Dios

«Dios amó tanto al mundo, que dio a su único Hijo, para que todo el que cree en él no se pierda, sino tenga vida eterna». —JUAN 3.16

Cuando haces una promesa, ¿la cumples? Dios sí cumple sus promesas. Cuando Él dice que algo va a suceder, sin dudas así será. La mayor promesa de Dios fue que nos enviaría a su Hijo Jesús. Dios nos dijo cómo vendría a la tierra y lo que iba a hacer. Cada una de esas promesas se cumplió.

LO QUE DIOS PROMETIÓ

- Jesús nacería en Belén (Miqueas 5.2)
- Jesús entraría a Jerusalén montado en un burrito (Zacarías 9.9)
- Jesús moriría por nuestros pecados (Isaías 53.4–5)

Lucas 2.1–7; 19.29–38; Mateo 27.35, 45–50

María y José vivían en Nazaret. Justo antes de que Jesús naciera, ellos tuvieron que ir a Belén. Mientras estaban allí, Jesús nació tal como Dios lo había prometido.

Cuando Jesús fue un adulto, se montó en un burrito y entró en Jerusalén. La multitud de sus seguidores dijo: «¡Bendito el rey que viene en el nombre del Señor!»

Más tarde, Jesús fue arrestado y clavado en una cruz donde murió por nuestros pecados.

Vamos a leer y a compartir

¡Hablemos de . . . !

★ ¿Dónde vivían María y José?

★ ¿Dónde había dicho Dios que nacería Jesús?

★ ¿Qué sucede cuando Dios hace una promesa?

Comparte el amor de Dios

Aquí te enseñamos una forma divertida de mostrar el amor de Dios. Haz un libro de promesas y escribe en él algunas promesas de la Biblia. Para comenzar lee las promesas de Dios que aparecen en estos versículos y escríbelas en tu libro.

Juan 3.16

1 Juan 1.9

Filipenses 2.12

Proverbios 3.6

Josué 1.9

Salmo 46.1

Santiago 5.16

Santiago 1.5

Oración

Amado Señor: Gracias por cumplir tus promesas.
Ayúdame a aprender más acerca de ti y de tus promesas. Amén.

Uno de los Diez Mandamientos de Dios

Hijos, obedezcan a sus padres, pues esto es lo que deben hacer los que pertenecen al Señor. —EFESIOS 6.1

¿Sabías que honrar a tus padres es uno de los Diez Mandamientos de Dios? ¿Qué significa «honrar»? La respuesta es sencilla: Honras a tus padres cuando les obedeces, cumples sus reglas y te portas bien, aun cuando no estén cerca.

¿En qué medida honras a tus padres? Responde «sí» o «no» a las siguientes preguntas:

1. ¿Te gusta pasar tiempo con ellos?
2. ¿Obedeces a tus padres?
3. ¿Usas las palabras «por favor» y «gracias» con tus padres y con otras personas?

Si respondiste «sí» a cada pregunta, lo estás haciendo muy bien. Si respondiste alguna con un «no», pregúntales a tus padres qué puedes hacer para convertir ese «no» en un «sí».

Lucas 2.41–52

Cuando Jesús tenía doce años fue con sus padres al templo en Jerusalén. Pronto llegó la hora de regresar a casa. Así que cada uno empacó sus cosas y salieron rumbo a Nazaret.

Al principio María y José pensaron que Jesús viajaba con algunos familiares y amigos. Luego se dieron cuenta de que no estaba con ellos y regresaron a Jerusalén. Allí lo encontraron conversando con algunos maestros religiosos en el templo como si fuera uno de ellos.

Entonces María y José se acercaron a Jesús y le dijeron que era hora de regresar. Él los honró obedeciéndoles. Jesús dejó a los maestros y regresó a casa donde continuó aprendiendo y creciendo para obedecer a sus padres y agradar a Dios en todo lo que hacía.

Vamos a leer y a compartir

¡Hablemos de . . . !

★ ¿Cuál es el mandamiento de Dios con respecto a los padres?

★ ¿Qué estaba haciendo Jesús en el templo?

★ ¿Cómo honró Jesús a sus padres?

Comparte el amor de Dios

¡Piensa en esto! Jesús también fue un niño como tú, con padres terrenales. Es difícil imaginarlo, ¿verdad? Honrar a tus padres es algo que puedes hacer para parecerte aun más a Jesús. ¿Sabes cuáles son las palabras preferidas de tus padres? Te diré cuáles son:

«¡TE AMO!»

A todas las madres y padres les gusta escuchar esas palabras. ¿Puedes decírselas ahora y darles un abrazo?

Oración

Amado Dios: Por favor, ayúdame a ser el niño que tú quieres que sea. Ayúdame a honrar a mis padres. Amén.

Dile «No» a la tentación

Y ya que él mismo [Jesús] sufrió la tentación, puede ahora ayudar a los que son tentados. —HEBREOS 2.18

Cuando somos tentados, es como si alguien nos diera un golpecito en el hombro para llevarnos a hacer algo que sabemos que no debemos hacer. Si alguna vez tuviste deseos de tomar a escondidas una galletita muy rica cuando te habían dicho que debías esperar, estabas siendo tentado. Si en algún momento quisiste jugar con tus amigos cuando te habían dicho que limpiaras tu cuarto, es porque estabas siendo tentado.

No es extraño que todos seamos tentados. Aun Jesús lo fue. Lee la historia bíblica de hoy y descubre cómo fue tentado Jesús. Lo más importante es alejarse de la tentación y HACER LO CORRECTO.

129

Historia bíblica

Mateo 4.1–11

Cuando Jesús fue tentado se encontraba solo en el desierto. Estaba muy hambriento y cansado cuando Satanás se le acercó para tentarlo a hacer lo malo.

Primero, Satanás le dijo: «Haz que estas piedras se conviertan en pan». Pero Jesús había estudiado la Palabra de Dios y recordaba lo que había aprendido en las Escrituras. Por eso le dijo: «Para vivir no solo es importante el pan: debemos obedecer todo lo que manda Dios».

Entonces Satanás lo llevó a la parte más alta del templo y le dijo: «Tírate desde aquí. Las Escrituras dicen que Dios enviará a sus ángeles a cuidarte». Jesús le respondió: «Pero las Escrituras también dicen: "No pongas a prueba a tu Dios"».

Luego Satanás llevó a Jesús a la cima de una montaña alta y le mostró todos los reinos del mundo. «Todo esto te lo daré si de rodillas me adoras», le dijo Satanás. Pero Jesús le respondió: «¡Vete de aquí Satanás! Las Escrituras dicen: "Solo al Señor tu Dios adorarás"». Entonces Satanás se alejó.

Vamos a leer y a compartir

¡Hablemos de . . . !

★ ¿Cómo se sentía Jesús cuando Satanás se le acercó para tentarlo?

★ ¿Hizo Jesús lo correcto o lo incorrecto?

Comparte el amor de Dios

Al igual que Jesús, tú también puedes decir «No» a la tentación. Esta es una manera divertida de ayudarte a recordar que debes decir «¡No!»:

> Digamos: «¡No! ¡No! ¡No!» bien claro,
> No finja que no está aquí.
> Usted sabe qué es bueno y qué es malo.
> Escúchelo, créalo, sea fuerte.
> Deseche la tentación como debe hacerlo.
> Luego bendiga al Señor por todo lo bueno.
> —June Ford

Ahora, comparte el amor de Dios con tu familia y con tus amigos al contarles sobre tres ocasiones en que le has dicho «No» a la tentación.

Oración

Amado Dios: A veces es difícil hacer lo correcto. Por favor, ayúdame a decir «No» a la tentación y hacer lo correcto. Amén.

Cuando estás enfermo

La oración que hagan con fe sanará al enfermo y el Señor lo levantará.
—Santiago 5.15

¿Te has enfermado alguna vez? No es bueno, ¿verdad? Pero podemos pedirle hoy a Jesús que nos sane cuando estemos enfermos. Él sabe las medicinas que necesitamos y los médicos que pueden ayudarnos. Él nos dio familia y amigos que nos cuidan. Él puso en la tierra alimentos como frutas y vegetales para alimentarnos. También nos dio muchas maneras de hacer ejercicios: caminar, correr, saltar y escalar. Además, nos dio una manera de descansar nuestro cuerpo mediante el sueño. Así que aunque no vemos a Jesús, Él puede sanarnos. Lee la historia bíblica de hoy y verás cómo sanó a un niño sin verlo.

Finge que alguien de tu familia está enfermo. Puede ser tu mamá, tu papá, tu hermano o tu hermana, y hasta uno de tus juguetes. ¿Qué necesitas para atender a esa persona?

Juan 4.46–53

Un día, exactamente a la una de la tarde, un hombre importante del gobierno le rogó a Jesús que viniera a sanar a su hijo. El niño estaba muy, pero que muy, enfermo en otro pueblo. Jesús sabía que no necesitaba ir. Así que le dijo al padre: «Regresa a casa, que tu hijo vive». El hombre le creyó y se fue a casa.

Antes de llegar a su casa, sus sirvientes le salieron al encuentro y le dijeron que su hijo estaba bien. Entonces el papá preguntó a qué hora su hijo había comenzado a sentirse mejor. Los criados respondieron: «Ayer a la una de la tarde se le quitó la fiebre». El padre del muchacho sabía que esa era la hora exacta en que Jesús le había dicho: «Tu hijo vive». Ahora no solamente ese hombre creía en Jesús, también todos los que vivían con él creyeron en Jesús.

Vamos a leer y a compartir

¡Hablemos de . . . !

★ ¿Qué hizo Jesús cuando el hombre le pidió que sanara a su hijo?

★ ¿Quiénes creyeron en Jesús?

Comparte el amor de Dios

A nadie le gusta estar enfermo, pero es bueno saber que Jesús puede ayudarnos aun cuando no lo podemos ver. Ahora diviértete un poco mientras descubres cuánto conoces acerca de lo que puedes hacer para mantenerte saludable.

PEQUEÑA PRUEBA DE SALUD

[Responde: Verdadero o falso.]

Para mantener tu cuerpo fuerte y saludable debes:

1. Comer caramelos y galletas tres veces al día.
2. Acostarte temprano y dejar que tu cuerpo descanse.
3. Echarle helado a tus vegetales.
4. Hacer ejercicios todos los días.
5. Montar bicicleta o jugar al aire libre.
6. Nunca cepillarte tus dientes.

[1. F/ 2. V/ 3. F/ 4. V/ 5. V/ 6. F]

Oración

Amado Señor: Ayúdame a alimentarme y a dormir bien para estar saludable. Amén.

136

Sé colaborador

Pero confía en el Señor. Sé generoso y bueno. —SALMO 37.3

Tú puedes ser colaborador. No importa si eres muy, muy joven, o muy, muy anciano. Piensa en algunas de las formas en que puedes ayudar a los demás. La historia que leerás a continuación se trata de una niña llamada Laura que buscó la manera de ser una gran ayuda para su madre.

La mamá de Laura acababa de tener un niño. Ahora Laura tenía un hermanito y su mamá tenía mucho trabajo. Una noche mientras su madre preparaba la cena, Laura pensó en una manera de ayudar a su mamá. Así que se acercó a su hermanito pequeño y comenzó a hablarle, haciéndolo sonreír y mover sus piecitos. Ella lo mantuvo entretenido mientras su mamá terminaba la cena.

«Gracias por ser una gran ayuda, Laura», le dijo su madre.

A Laura le gustaba mucho ayudar.

Dios quiere que tú también seas colaborador. Descubre en la historia bíblica de hoy cómo un pequeño niño ayudó a Jesús.

137

Historia bíblica

Juan 6.1–14; Mateo 14.13–21

Un día una multitud siguió a Jesús para ver sus milagros y escuchar sus enseñanzas acerca del amor de Dios. Para cuando llegaron donde estaba Jesús, era tarde en el día. Eran más de cinco mil personas hambrientas. Pero allí no había comida, excepto cinco panes pequeños y dos pescados pequeños que un niño había traído. El niño les dio sus panes y sus pescados a los ayudantes de Jesús.

Jesús le dio gracias a Dios por la comida del niño y dio a todo el mundo allí tanto como quisieran comer. Fue un milagro. Y hasta sobraron doce cestas de comida.

Vamos a leer y a compartir

¡Hablemos de . . . !

★ ¿Cómo ayudó el niño?
★ ¿Qué tenía el niño para almorzar?
★ ¿Qué hizo Jesús?

Comparte el amor de Dios

Tú puedes ayudar haciendo bocadillos para el almuerzo. Puedes hacer, por ejemplo, un bocadillo de atún. Pídele a un adulto que te ayude a preparar un bocadito para cada uno en casa. Y antes de comer, dale gracias a Dios por la comida.

Dios es grande.
Dios es bueno.
Démosle gracias
Por nuestra comida.
—Tradicional

Mientras comen los bocadillos, cuéntale a tu familia cómo alimentó Jesús a más de cinco mil personas.

Oración

Amado Señor: Yo quiero ayudar a otros. Por favor, muéstrame la forma en que puedo ser útil. Amén.

No tengas miedo

*En paz me acostaré y dormiré porque sólo tú, Señor,
me haces vivir seguro.* —Salmo 4.8

¿Qué te hace sentir miedo? ¿Los ruidos extraños? ¿Las habitaciones oscuras?
¿Los lugares desconocidos? Todos tenemos miedo de algo. En la historia bíblica
de hoy veremos cómo aun los colaboradores de Jesús tuvieron miedo. Pero,
¿sabías que la mayoría de las cosas que nos dan miedo no son reales o no
suceden, como cuando escuchamos un ruido extraño y nos damos cuenta de
que era solo la rama de un árbol golpeando la casa? A continuación encontrarás
un versículo bíblico que puedes memorizar y decir cada vez que sientas miedo.

*Pero cuando tenga miedo,
pondré mi confianza en ti.*
—Salmo 56.3

Marcos 6.45–53

Un día Jesús les pidió a sus ayudantes que fueran a un pueblo al otro lado del lago. Les dijo que se les uniría más tarde. Los hombres hicieron como Jesús les pidió. Entraron en un bote y comenzaron a cruzar el lago. Un viento fuerte se levantó. El viento estalló con furia. ¡Ellos tenían mucho miedo! Remaron más y más duro hacia la costa, pero el viento los empujaba hacia el lago. Entonces vieron algo que les asustó aun más. Un hombre estaba caminando sobre el agua en dirección a ellos. Pero el hombre gritó: «No tengan miedo». Y se percataron de que era Jesús quien caminaba hacia ellos. Jesús subió al bote y, repentinamente, el viento se calmó. Los ayudantes estaban asombrados. Todo estaba bien porque Jesús estaba con ellos.

¡Hablemos de . . . !

★ ¿De qué tuvieron miedo los ayudantes de Jesús?
★ ¿Qué hizo Jesús?

Comparte el amor de Dios

¿Sabías que la palabra «miedo» se menciona más de trescientas cincuenta veces en la Biblia? Pero lo más importante que debes saber es que, a pesar de lo que esté sucediendo, Jesús siempre está con nosotros.

DIVIÉRTETE AHORA DRAMATIZANDO LA HISTORIA

Dramatiza con tu familia la historia de los hombres en la barca y Jesús caminando sobre el agua. Imagina que el piso o la tierra es el agua. Puedes hacer el barco con almohadas o sillas. Cuando terminen la dramatización, digan todos juntos el Salmo 56.3: «Pero cuando tenga miedo, pondré mi confianza en ti». Finalmente, dales un abrazo a todos.

Oración

Amado Señor: Algunas veces siento miedo. Ayúdame a recordar que tú siempre estás conmigo. Y cuando tenga miedo, recuérdame que puedo pedirte ayuda. Amén.

¡Cristo me ama!

—No, no —intervino Jesús—. No impidan que los niños
vengan a mí. —MATEO 19.14

¿Verdad que es maravilloso saber que Jesús te ama? Él ama a todos los niños. ¿Quieres saber cómo podemos estar seguros de que Él nos ama? En esta canción tienes una pista. Vamos a cantarla todos juntos.

CRISTO ME AMA

Cristo me ama, bien lo sé
Su palabra me hace ver,
Que los niños son de aquel,
Que es nuestro amigo fiel.

Cristo me ama, es verdad
Y me cuida en su bondad
Cuando muera, bien lo sé:
Viviré allá con Él.

Cristo me ama,
Cristo me ama,
Cristo me ama,
La Biblia dice así.

Mateo 19.13–15; Marcos 10.13–16; Lucas 18.15–17

Eran tantas las personas que querían ver a Jesús que lo estaban apretando. Eran personas enfermas y tristes, y también personas sanas y felices. Había personas que trajeron a sus niños para que conocieran a Jesús.

«No niños», dijeron a la gente los ayudantes de Jesús. «Él no tiene tiempo para ellos».

Jesús oyó lo que dijeron sus colaboradores y los detuvo de inmediato. «No impidan que los niños vengan a mí», les dijo Jesús y comenzó a bendecir a los niños.

Los niños son importantes para Dios. Los niños son importantes para Jesús. Él los ama. ¡Él te ama a ti!

147

Vamos a leer y a compartir

¡Hablemos de . . . !

★ ¿Por qué los colaboradores de Jesús querían que los niños se fueran?

★ ¿Qué les dijo Jesús a sus ayudantes?

★ ¿Cómo sabes que Cristo te ama?

Comparte el amor de Dios

¿Sabías que cuando eres amable con los demás estás compartiendo el amor de Jesús? Puedes mostrar amabilidad con los demás de muchas maneras. Eres amable cuando:

❖ Ayudas a alguien
❖ Escuchas a alguien
❖ Invitas a alguien a jugar

Haz un dibujo en el que reflejes una manera en la que puedes mostrar el amor de Jesús a los demás.

Oración

Querido Jesús: Gracias por amarme tanto. Yo también te amo. Amén.

Las sorpresas de Dios

¡Vengan! ¡Vean las gloriosas hazañas de nuestro Dios! —SALMO 46.8

¿Cuáles son algunas de las sorpresas que más te gustan? ¿Un juguete nuevo? ¿Una visita al zoológico? Una de las cosas más emocionantes acerca de Dios es que nunca sabemos las maravillas que Él hará después. Pues así son las sorpresas de Dios para nosotros. Leamos ahora cómo sorprendió Dios a Samuel. Luego lee la historia bíblica y verás cómo sorprendió a Pedro.

Samuel estaba triste. Su abuelito había estadon enfermo por un largo tiempo y ya había comenzado a extrañarlo, extrañaba sus visitas y también los paseos que solían dar los dos juntos. En su cuarto, Samuel tenía un estante lleno de tesoros que él y su abuelito habían encontrado en sus caminatas, plumas, conchas, piedras raras y hasta un palo en forma de ese, que representa su nombre: Samuel. El abuelo llamaba a esas cosas las sorpresas de Dios.

Samuel estaba pensando en eso cuando, de repente, escuchó tres toques en la puerta y luego el timbre. Sin dudas, era el toque particular del abuelo. Así que corrió a la puerta. «¡Abuelo, tú eres la mejor de todas las sorpresas que Dios me ha dado!»

149

Mateo 17.24–27

Cuando Jesús vivía en la tierra, pagaba impuestos así como lo hace la gente hoy. Un día su amigo Pedro vino a decirle que no tenían dinero para pagar sus impuestos. Pero eso no era problema para Jesús.

Así que le dijo: «Vete al lago y atrapa un pez. Encontrarás una moneda en su boca. Usa esa moneda para pagar nuestros impuestos».

Pedro había pescado toda su vida y, sin duda, nunca había encontrado una moneda en la boca de un pez. A pesar de eso confió en Jesús. Y muy pronto atrapó un pez que tenía en su boca una moneda. Pedro usó esa moneda para pagar los impuestos.

Vamos a leer y a compartir

¡Hablemos de . . . !

★ ¿Qué necesitaban Jesús y Pedro?
★ ¿Qué le dijo Jesús a Pedro que hiciera?
★ ¿Cuál fue la gran sorpresa que se llevó Pedro?

Comparte el amor de Dios

Seguro que Pedro se quedó muy sorprendido cuando vio la moneda en la boca del pez. ¿Cómo te ves tú cuando estás sorprendido? Ponte frente a un espejo y pon cara de sorprendido. ¿Te hizo reír?

¡SORPRESA!

Para que te diviertas más, involucra también a tu familia. Cuando digas «uno, dos, tres, ¡sorpresa!», ellos deben poner cara de sorprendidos y que alguien les tome una foto. Cuando les muestres la foto a otros cuéntales acerca de las sorpresas de Dios.

Oración

Amado Jesús: Gracias por compartir tu amor conmigo y por darme todo lo que necesito. Te quiero. Amén.

Jesús sana

«Al ciego . . . lo conducirá por sendas que nunca antes vio.
Ante ellos hará resplandecer las tinieblas».
—Isaías 42.16

Ser ciego significa que no puedes ver nada. Las personas ciegas desarrollan habilidades especiales que los ayudan a realizar las labores diarias. Algunas veces tienen un perro guía o un bastón grande y blanco con una punta roja que les indica cuándo deben subir o bajar, cruzar o dar la vuelta alrededor de cualquier obstáculo. El bastón sirve además para identificarlos.

Helen Keller era una mujer ciega y sorda que se convirtió en escritora y en una oradora famosa. En una ocasión ella dijo: «No existe mejor manera de agradecerle a Dios el regalo de la vista que ofrecerle tu mano a alguien en oscuridad».

Historia bíblica

Marcos 10.46–52

¡Jesús puede hacer cualquier cosa! Él puede sanar a los enfermos y devolverles la vista a los ciegos.

Un día una multitud seguía a Jesús. Al oír que Él estaba cerca, un hombre ciego que estaba sentado junto al camino empezó a gritar: «¡Jesús, Hijo de David, ten misericordia de mí!» Gritaba tan fuerte que algunos de la multitud le pidieron que se callara.

Jesús no le hizo caso a la multitud y le preguntó al hombre ciego: «¿Qué quieres que te haga?»

El hombre le respondió: «¡Quiero recobrar la vista!»

Entonces Jesús le dijo: «Estás sano porque creíste».

Ahora el hombre podía ver.

Vamos a leer y a compartir

¡Hablemos de . . . !

★ ¿Qué le preguntó Jesús al ciego?

★ ¿Qué hizo Jesús por él?

Comparte el amor de Dios

Comparte con tu familia o amigos la historia de cómo Jesús sanó al hombre ciego. Luego, para que entiendas mejor lo difícil que puede resultar ser ciego, haz el siguiente experimento.

¿QUÉ ES?

Para esta actividad vas a necesitar una bolsa y un pañuelo. Con la ayuda de un adulto, alguien debe escoger algunos objetos pequeños de uso diario como una piedra, unos lápices, una goma de borrar, un jabón, unos juguetes, ropas o libros, y debe colocarlos en la bolsa. (Ninguno de los que tengan los ojos vendados debe saber qué objetos hay en la bolsa.) Después la persona con la venda en los ojos debe sacar un objeto de la bolsa. Esa persona tendrá un minuto para decir de qué objeto se trata. Luego le toca a otra persona hacer el papel de ciego.

Oración

Amado Señor: Por favor, ayuda a aquellos que no pueden ver. Amén.

Sé un dador alegre

Dios ama al que da con alegría. —2 Corintios 9.7

¿Sabías que Dios quiere que le devolvamos una parte de aquello con lo que Él nos ha bendecido? Quizás digas: «Pero yo solo soy un niño. No tengo mucho dinero». ¿Sabes qué? El dinero no es la única forma de retribuirle a Dios por lo que nos da. Hay muchas otras maneras de dar y, lo más importante, es que lo hagamos con un corazón alegre.

Aarón, el amigo de Josué, había crecido mucho y ya su abrigo no le servía. Sus padres no tenían dinero para comprarle uno nuevo. Así que a Josué se le ocurrió una gran idea: usaría el abrigo viejo de su hermano mayor y así podría darle el suyo a su amigo Aarón. Tanto a sus padres como a su hermano y, por supuesto, también a Aarón y a Jesús, les gustó el plan del «dador alegre» de Josué.

157

Marcos 12.41–44

Jesús estaba en el templo mirando a la gente poner su dinero en la caja de las ofrendas. Los ricos echaban mucho dinero.

Luego, una mujer pobre que estaba detrás de la multitud se acercó y echó sus dos moneditas en la alcancía. Eran de muy poco valor.

Cuando Jesús la vio, les dijo a sus seguidores: «Esta mujer dio más que la gente rica porque ella dio todo el dinero que tenía para vivir».

Vamos a leer y a compartir

¡Hablemos de . . . !

★ ¿Quiénes dieron mucho dinero?

★ ¿Quién dio todo lo que tenía?

★ ¿Qué dijo Jesús sobre la ofrenda de ella?

Comparte el amor de Dios

Dios puede hacer cosas grandes con las pequeñas cosas que tú das, ya sea que des una moneda de poco valor o unas pocas horas de tu tiempo. Dar parte de tu tiempo para ayudar a otros se llama voluntariedad y es una buena manera de retribuir a Dios por todo lo que nos da. Pregúntales a tus padres qué puede hacer tu familia para ayudar a otros en tu comunidad. Quizá también puedas involucrar a tu iglesia haciendo una competencia el domingo con los chicos de tu clase. Puedes dividir el grupo en dos equipos y ver cuál de los dos puede reunir la mayor cantidad de enlatados para ayudar a los hambrientos en tu comunidad.

Oración

Amado Señor: Ayúdame a dar con un corazón alegre. Gracias por bendecirme de tantas maneras. Amén.

Jesús es poderoso

Porque clamé a él y él me respondió. Me libró de todos mis temores.
—Salmo 34.4

¿Sabías que las nubes pueden decirnos muchas cosas sobre el tiempo? Pero aun si aprendiéramos todo acerca de las nubes, no podríamos controlarlas ni controlar el tiempo. Solo Dios y Jesús pueden hacerlo. Lee la historia bíblica de hoy para que veas lo que hizo Jesús. La próxima vez que estés fuera de casa, prueba si encuentras alguna de las nubes que aparecen a continuación:

1. *Los cirros* son nubes altas y tenues que forman una línea parecida a la cola de un caballo. Esas nubes no pueden decirnos nada acerca del tiempo.
2. *Los cirrocúmulos* son nubes que se disponen en una fila de nubes blancas en el cielo. Significan un buen tiempo para el próximo día.
3. *Los nimboestratos* son nubes de precipitación cuyo color es gris oscuro. Significan: Saca tu sombrilla.
4. *Los cumulonimbos* son nubes tormentosas. Generalmente representan lluvia, truenos, relámpagos y granizo.

Marcos 4.35–41

Después de enseñar todo el día, Jesús se subió a una barca con sus amigos para cruzar el lago. Jesús estaba tan cansado que se quedó dormido. Todavía no habían cruzado el lago cuando se desató una fuerte tormenta. El viento comenzó a soplar de tal modo que las olas azotaban el barco y lo llenaban de agua. Daba miedo.

Finalmente, despertaron a Jesús porque tenían miedo. «Ayúdanos o nos hundiremos», le dijeron ellos. Jesús se levantó y, en vez de ayudarlos a remar, le habló a la tormenta: «¡Silencio! ¡Cálmate!», dijo. Entonces el viento cesó, las olas se calmaron y todos quedaron a salvo. Jesús es tan poderoso que los vientos y las olas le obedecen.

Vamos a leer y a compartir

¡Hablemos de . . . !

★ ¿Qué hizo Jesús cuando se subió al bote?
★ ¿Qué sucedió después?
★ ¿Qué le dijo Jesús a la tormenta?

Comparte el amor de Dios

Jesús es poderoso. Él calmó la tormenta muy fácil, como encender una luz. Si te acurrucas debajo de una colcha, se pondrá oscuro a tu alrededor y tal vez un poco espantoso. Pero si enciendes una linterna debajo de la colcha no sentirás miedo. Inténtalo y verás. Y la próxima vez que tú, tu familia o tus amigos miren las nubes, cuéntales cómo calmó Jesús la tormenta.

Oración

Amado Señor: Tú eres tan poderoso que puedes hacer cualquier cosa. Gracias por estar conmigo todo el tiempo. En los días soleados o tormentosos. Amén.

El buen pastor

«Yo soy el buen pastor. El buen pastor da su vida por las ovejas».
—Juan 10.11

¿Alguna vez has visitado un zoológico o una granja donde los guardas cuidan las ovejas? Hoy vamos a ver cómo un pastor cuida de sus ovejas cuando ellas se desvían y se pierden. Jesús es nuestro buen pastor. Algunas veces somos como ovejas. Nos alejamos y nos metemos en problemas. Nos olvidamos de seguir a Jesús, que nos cuida como un pastor cuida de sus ovejas. El Salmo 23 nos dice qué hace Jesús como nuestro buen pastor. A continuación tenemos solo el comienzo del salmo. Pídele a alguien que te ayude a buscarlo en la Biblia para que puedas leer el resto.

El Señor es mi pastor,
Nada me falta.
En verdes pastos me hace descansar,
Y me guía junto a arroyos tranquilos.
Me infunde nuevas fuerzas.
—Salmo 23 (selección)

Lucas 15.3–7

Jesús contó una historia acerca de un pastor que tenía cien ovejas. Cada noche, cuando el pastor traía las ovejas a casa, las contaba para asegurarse de que todas estuvieran allí.

Una noche después que había contado noventa y nueve, no quedaban más ovejas que contar. Se había perdido una. Inmediatamente el pastor dejó sus noventa y nueve ovejas a salvo en casa y fue a buscar a la oveja perdida. Buscó por todas partes, hasta que al fin la encontró.

El pastor estaba feliz. Puso la oveja en sus hombros, pues así era como los pastores cargaban las ovejas, y la llevó a casa. El pastor estaba tan contento que hizo una fiesta con sus amigos para celebrar que había encontrado su ovejita perdida.

Vamos a leer y a compartir

¡Hablemos de . . . !

★ ¿Quién es el buen pastor?
★ ¿Qué hacía el pastor cada noche?
★ ¿Qué hizo el pastor cuando encontró la oveja perdida?

Comparte el amor de Dios

¿Te alegra saber que Jesús nos cuida de la misma forma en que el pastor cuidó de su oveja? Hay un juego muy divertido que te ayudará a recordar que Jesús es nuestro buen pastor y que necesitamos seguirlo siempre, se llama «Sigue al pastor».

SIGUE AL PASTOR

Escoge a alguien para que haga el papel de pastor, luego hagan una fila detrás de él. El pastor dirá: «Síganme» y luego hará algún movimiento como levantar sus manos o caminar hacia atrás. Todos deberán hacer exactamente lo mismo que el pastor. Después que el pastor haga tres movimientos diferentes se colocará al final de la fila y la persona que quede de primero será entonces el pastor. Cuando todos hayan tenido la oportunidad de ser el pastor, aplaudan y comiencen otra vez.

Oración

Amado Jesús: Estoy muy feliz porque sé que tú me cuidas. Gracias porque cuando olvido que debo seguirte y me alejo de ti, tú me buscas. Ayúdame a amarte y a obedecerte. Amén.

Perdonado

«Cualquiera que crea en él [Jesús], alcanzará el perdón de los pecados . . . . —Hechos 10.43

¿Alguna vez hiciste o dijiste algo que sabías que estaba mal? Jaime lo hizo.

Sus padres le habían prohibido lanzar su pelota de fútbol por la casa, pero de todas formas lo hizo. La pelota dio contra la pared y . . . ¡catapún! La mamá de Jaime entró corriendo a la habitación.

«Mamá, rompí tu lámpara. Lo siento. ¿Me perdonas?», preguntó Jaime.

«Sí», le respondió ella. «Pero haber desobedecido las reglas tiene consecuencias. Voy a guardar la pelota y no te la daré hasta que pasen dos días». Jaime ayudó 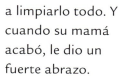 a limpiarlo todo. Y cuando su mamá acabó, le dio un fuerte abrazo.

Esta es una noticia muy buena. No importa cuán malos hayamos sido nosotros, Dios nos perdona si se lo pedimos.

169

Lucas 15.11–24

Había un hombre que tenía dos hijos. Un día el más joven decidió pedir por adelantado el dinero que sería suyo cuando su padre muriera. Su padre le dio el dinero. Entonces el hijo se fue a otro país y lo gastó todo en cosas que no tenían valor. Después que se le acabó el dinero, se quedó solo y tuvo hambre. Consiguió un trabajo alimentando cerdos. Pero tenía tanta hambre que hasta pensó comerse la comida de los cerdos.

Entonces se dio cuenta de que los sirvientes de su padre tenían más comida que él y decidió volver a casa. Cuando llegue le diré a mi padre que estoy arrepentido y le preguntaré si puedo ser al menos un sirviente, pensó el joven y se fue a casa. Para su sorpresa, cuando su padre lo vio, le dio un fuerte abrazo y le perdonó todo lo que había hecho.

Vamos a leer y a compartir

¡Hablemos de . . . !

★ ¿Qué le pidió el hijo menor a su padre?

★ ¿Qué pasó con el dinero del hijo menor?

★ Cuando el hijo regresó a casa, ¿qué hizo su padre?

Comparte el amor de Dios

¡Vaya! ¿Puedes imaginarte con tanta hambre como para desear la comida de los cerdos? Nos alienta saber que si lo arruinamos todo, como el joven de esta historia, le podemos pedir a Dios, nuestro Padre celestial, que nos perdone y Él lo hará. Dios es como el padre de esta historia bíblica. Él nos acepta tal y como somos cuando le pedimos perdón.

¿Has hecho algo malo? Habla con Dios ahora mismo y dile que estás arrepentido. Pídele que te perdone. Y recuerda que Dios quiere que perdones a los demás así como Él te perdona a ti.

Oración

Amado Señor: Te pido que me perdones por las cosas malas que he hecho. Ayúdame a hacer lo correcto. Amén.

Cuando Jesús lloró

Jesús lloró. —JUAN 11.35

¿Alguna vez te has sentido triste por la muerte de un ser querido? Jesús sabe cuán triste nos sentimos cuando aquellas personas que queremos mueren. Lo sabe porque Él se sintió así cuando su amigo Lázaro murió. La Biblia dice que Jesús se sintió tan triste que lloró. Es normal que estemos tristes, e incluso que lloremos, pero hay algo bueno que podemos recordar: Un día veremos a esas personas que amamos en el cielo. Mientras tanto podemos recordar los buenos momentos que pasamos juntos. Y si esos gratos recuerdos nos hacen sonreír, eso también es normal.

*Las lágrimas caen como gotas de lluvia
Cuando nuestros corazones están tristes.
Jesús ve cada lágrima que derramamos
Y se encarga de alegrar nuestros tristes corazones.*

–Gwen Ellis

Juan 11.1–44

Jesús amaba a sus amigos Marta, María y Lázaro. Un día cuando Jesús no estaba, Lázaro se enfermó. Cuando Jesús escuchó que su amigo estaba enfermo, esperó dos días para iniciar su viaje para ver a sus amigos. Para cuando llegó, Lázaro había muerto hacía cuatro días. María, la hermana de Lázaro, le dijo: «Señor, si hubieras estado aquí, mi hermano no habría muerto». Jesús estaba tan triste que lloró. Entonces caminó a la tumba de Lázaro y le pidió a la gente que moviera la piedra de la entrada.

Jesús gritó: «¡Lázaro, sal de ahí!» ¡Y Lázaro salió de la tumba, envuelto en las vendas con que lo habían sepultado! ¡Estaba vivo y sano!

Vamos a leer y a compartir

¡Hablemos de . . . !

★ ¿Quién se enfermó?

★ ¿Qué hizo Jesús cuando se enteró de que su amigo Lázaro había muerto?

★ ¿Qué sucedió después?

Comparte el amor de Dios

¿Te sorprendiste cuando te enteraste de que Jesús lloró? ¿Qué te hace sentir triste? Cuando los amigos están contentos es fácil compartir su gozo. Pero cuando están tristes, es difícil compartir su tristeza. ¿Sabías que puedes ayudar a tus amigos en los momentos tristes haciendo cosas muy sencillas que les permitan saber que te preocupas por ellos?:

❖ Llévales unas galletitas que hayas ayudado a preparar.

❖ Escúchalos.

❖ Sé amable con ellos.

❖ Siéntate a su lado.

❖ Ora con ellos y por ellos.

Si eres tú el que se siente triste dile a un adulto, habla con Jesús y deja que tus amigos te animen.

Oración

Amado Señor: Sé que es normal que algunas veces me sienta triste. Gracias por los gratos recuerdos que tengo de aquellos que se han ido al cielo para estar contigo. Amén.

Un corazón agradecido

Den gracias al Señor, porque él es bueno, su gran amor durará por siempre. —Salmo 107.1

¿Alguna vez alguien te ha agradecido por algo que le diste o que hiciste por él o por ella? ¿Cómo te sentiste? Lo bueno acerca de la palabra «gracias» es que hace sentir bien tanto a la persona que la dice como a aquella a quien se le dice. Dios quiere que tengas un corazón agradecido como el hombre de la historia bíblica que leeremos hoy. Muestra que eres agradecido practicando el siguiente juego.

EL JUEGO DE DAR GRACIAS

Echa dentro de una bolsa varios cuadros de papel de diferentes colores. Luego saca uno de ellos y da gracias por algo que sea de ese mismo color. Por ejemplo: Si el papel es blanco, puedes agradecer por la leche o por la nieve. Si es verde, puedes dar gracias por la hierba o por una camisa que te guste mucho.

Historia bíblica

Lucas 17.11–19

Un día Jesús andaba por un camino y vio a diez hombres. Ellos no se acercaron a Jesús porque tenían una enfermedad de la piel llamada lepra. Así que le gritaron: «Por favor, ayúdanos». Entonces Jesús los sanó a todos. Mientras iban por el camino, el dolor y la hinchazón que tenían en la piel desaparecieron, lo que significaba que la lepra había desparecido. Estaban sanos.

Uno de ellos al ver su piel sana, regresó rápido donde estaba Jesús para darle las gracias. Solo este hombre volvió y le dijo a Jesús: «Gracias». Él tenía un corazón agradecido.

Vamos a leer y a compartir

¡Hablemos de . . . !

★ ¿Qué les pasaba a los diez hombres de la historia?
★ ¿Qué le pidieron a Jesús?
★ ¿Cuántos de ellos le dieron gracias a Jesús?

Comparte el amor de Dios

Si les agradeces a otros lo que hacen por ti, es porque tienes un corazón agradecido. Aquí te mostramos algo divertido que puedes hacer para compartir el amor de Dios con tu familia.

> Menciona, lo más rápido posible, todas las cosas por las que estás agradecido de cada miembro de tu familia.

Si quieres puedes hacer también una lista y usarla cuando ores. En tus oraciones menciona cada persona y las cosas que le agradeces.

Oración

Amado Señor: Gracias por mi familia. Estas son algunas de las cosas por las que estoy agradecido de cada miembro de mi familia . . . Amén.

Déjame servirte

Hagamos el bien a todos cada vez que se presente la oportunidad.
—Gálatas 6.10

«¿En qué puedo servirle?» ¿Dónde has escuchado estas palabras? Acaso ¿de parte de un mesero en un restaurante o de un dependiente en una tienda? ¿Sabías que Jesús quiere que todos encontremos la forma de servir a otros? No porque ese sea un trabajo, sino porque tenemos amor y bondad en nuestros corazones y pensamos en los demás.

Te presentamos una forma divertida para servir a otros. Ofrécete a servirles a la hora de la cena. Debes comenzar por decirles el menú a todos. Después que cada uno escoja lo que desea comer, anota sus pedidos y sírveles.

Juan 13.1–17

Durante los últimos días de Jesús en la tierra, Él y sus seguidores más cercanos tuvieron una cena. Era la época de la fiesta judía de la Pascua. Mientras cenaban, Jesús se levantó de la mesa, se quitó el manto y se ató una toalla a la cintura. Luego echó agua en un recipiente.

Entonces comenzó a lavar los pies polvorientos y, quizá mal olientes, de cada uno de sus amigos.

Hizo eso para enseñarles cómo servirse unos a otros. Si Jesús, que era el líder, pudo actuar como un siervo y lavarles los pies a sus seguidores, ellos debían también ayudar y servir a otros.

Vamos a leer y a compartir

¡Hablemos de . . . !

★ ¿Qué estaban haciendo Jesús y sus seguidores?

★ ¿Qué hizo Jesús durante la cena?

Comparte el amor de Dios

¿Qué puedes hacer para servir a otros en tu casa, iglesia y escuela? A continuación te damos algunas ideas, pero hay una trampita. ¿Puedes encontrar la idea que no es una forma de ayudar a los demás?

1. Recoge las hojas del patio de tu abuela con un rastrillo.
2. Come un pedazo de pastel de chocolate.
3. Regálale las ropas que ya no te sirven a otros que las necesiten.
4. Bríndate para alimentar al perro de tus vecinos mientras estén de vacaciones.

(¿Escogiste la segunda idea como la única que no es una forma de ayudar a los demás? Si fue así, acertaste y vas bien en el propósito de servir a otros.)

Oración

Querido Señor: Si tú puedes ser servidor de otros, ayúdame a mí también a encontrar la forma de servir a los demás. Amén.

¡Jesús resucitó!

«Dios había prometido que lo levantaría [a Jesús] de entre los muertos».
—Hechos 13.34

Hermosos huevos y lindos conejitos. ¿Es eso lo primero que viene a tu mente cuando piensas en la resurrección? ¿Sabes qué? La celebración del domingo de resurrección es mucho más importante. Es el día en que los cristianos celebran la resurrección de Jesús. ¡Es cierto! Jesús volvió a vivir para mostrarnos que es nuestro Salvador, y que si creemos en Él, cuando nos llegue la muerte viviremos con Él en el cielo.

¡Él resucitó! ¡Sí, resucitó!
Aleluya ¡Cristo resucitó!
—Robert Lowry (1874)
Adaptado de «Up from the Grave He Arose»

185

Historia bíblica

Mateo 27—28.10

Después que Jesús murió en la cruz, sus amigos estaban muy tristes. Colocaron su cuerpo dentro de una tumba. Entonces rodaron una piedra pesada y grande sobre la entrada de la tumba. Los soldados romanos vinieron y sellaron la piedra para que nadie la abriera e hicieron guardia ante la tumba.

Al tercer día de la muerte de Jesús, algunas mujeres fueron a su tumba. Cuando llegaron, no podían creer lo que veían. La piedra había sido movida de su lugar y un ángel de Dios estaba sentado sobre ella. La tumba estaba vacía. El ángel dijo: «No tengan miedo. Jesús está vivo. Díganles a sus seguidores que le verán en Galilea». Las mujeres se apresuraron a decirles a los demás las buenas noticias: ¡Jesús resucitó!

Vamos a leer y a compartir

¡Hablemos de . . . !

★ ¿Qué le sucedió a Jesús en la cruz?
★ ¿A dónde fueron las mujeres?
★ ¿Qué dijo el ángel?

Comparte el amor de Dios

Estás contento porque Jesús resucitó para ser nuestro Salvador, de manera que nosotros podamos vivir con Él en el cielo algún día. Esta es una manera divertida para celebrar que Jesús resucitó, aun si el domingo de resurrección no está cerca cuando leas esto. Pídele a un adulto que hierva algunos huevos y te ayude a teñirlos. Antes de echar los huevos en el colorante, escribe en cada uno de ellos el nombre de la persona a quien se lo vas a dar. Después que los huevos estén secos, dale a cada persona el que le corresponde y dile: «Aleluya, ¡Jesús resucitó!»

COLORANTE PARA LOS HUEVOS DE RESURRECCIÓN

Para teñir los huevos, añádele a 3/4 taza de agua caliente 1/4 de cucharadita de colorante para comida. Luego añade una cucharada grande de vinagre blanco al agua y revuélvelo.

Oración

Amado Señor: Estoy muy feliz porque estás vivo. Gracias por hacer posible que yo vaya al cielo. Amén.

¡Buenas noticias!

«¡Qué hermosos son los pies de los que proclaman las buenas noticias!» —ROMANOS 10.15

¿Qué tipo de noticias escuchaste hoy? ¿Buenas o malas? Diviértete mientras seleccionas cuáles de las siguientes noticias de última hora son buenas (B) y cuáles son malas (M). Luego confirma tus respuestas con las que aparecen a continuación.

NOTICIAS DE ÚLTIMA HORA

1. Una tormenta se llevó el techo de nuestra casa.
2. Hoy hicimos un muñeco de nieve.
3. Nuestra perra tuvo cuatro cachorros.
4. A Julia le duele la garganta.

[1. M / 2. B / 3. B / 4. M.]

Ahora te daremos la mejor noticia que el mundo ha escuchado: Jesús es el Hijo de Dios, Él murió para salvarnos del pecado. Cuando les hablamos a otros de Jesús, estamos compartiendo las buenas nuevas.

Historia bíblica

Hechos 8.26–40

Felipe era uno de los seguidores de Jesús. A él le gustaba contarles a otros las buenas nuevas acerca de Jesús. Un día, un ángel le habló a Felipe y le dijo que fuera por el camino del desierto. En el camino Felipe se encontró con un hombre muy importante de Etiopía. El hombre iba sentado en su carruaje, leyendo el libro de Isaías. Entonces Felipe corrió al lado del carruaje y le preguntó al hombre si entendía lo que estaba leyendo.

El hombre le respondió que no y le pidió a Felipe que le explicara. Entonces Felipe le contó las buenas nuevas de Jesús. El etíope creyó lo que Felipe le había dicho y le pidió que lo bautizara. Después que lo bautizó, Felipe se fue a contarles a otros las buenas nuevas.

Vamos a leer y a compartir

¡Hablemos de . . . !

★ ¿Qué le dijo Felipe al hombre?
★ ¿Qué le pidió el hombre a Felipe?

Comparte el amor de Dios

Felipe compartió las Buenas Nuevas acerca de Jesús, y tú también puedes hacerlo. Esta es una manera divertida para practicar.

CUENTA LAS BUENAS NUEVAS

Finge que eres un reportero de la televisión, busca un micrófono y cuéntales con tus propias palabras las buenas nuevas de Jesús a tu familia y a tus amigos. Asegúrate de contar toda la historia y cómo envió Dios a Jesús para limpiarnos de nuestros pecados, cómo murió Jesús en la cruz, cómo lo enterraron y cómo volvió a vivir para que nosotros tuviéramos un hogar en el cielo cuando muramos.

Oración

Amado Señor: Quiero compartir las buenas noticias acerca de Jesús con todos. Amén.

Una vida que resplandece

Porque Cristo murió por los pecados una vez y para siempre.
—1 Pedro 3.18

¿Alguna vez le has hablado a alguien de Jesús? ¿Le has contado cómo murió Él para salvarnos de nuestros pecados? Jesús quiere que les digamos a otros que Él les ama y que los salvará también a ellos. Otra manera de mostrar a los demás cómo los ama Jesús es por medio de nuestras acciones. Cuando vivimos una vida agradable a Dios siendo amables con otros, somos como una luz que alumbra en la oscuridad y muestra a los demás el camino a Jesús.

LA ORACIÓN DE UN NIÑO

Dios, haz de mi vida una luz,
Que resplandezca en el mundo;
Una diminuta pero brillante llama
Dondequiera que vaya.
—M. Betham-Edwards

193

Historia bíblica

Hechos 16.12–15

Después de que Pablo se convirtió en un seguidor de Jesús, fue por todas partes diciéndoles a las personas las buenas nuevas acerca de Jesús: Que Jesús era el Hijo de Dios y cómo murió en la cruz por nuestros pecados.

Un día Pablo conoció a una mujer llamada Lidia. Su trabajo era vender telas de púrpura. Ella amaba a Dios, pero no conocía a Jesús.

Pablo le contó a Lidia quién era Jesús y lo que había hecho por ella. Lidia creyó lo que Pablo le dijo y se bautizó. Después todos en su casa creyeron y se bautizaron también.

Vamos a leer y a compartir

¡Hablemos de . . .!

★ ¿Por qué murió Jesús en la cruz?

★ ¿Cómo podemos hacer que los demás sepan esta buena noticia?

Comparte el amor de Dios

La noticia de que Jesús nos salva de nuestros pecados es demasiado buena como para no compartirla con otros. Una manera divertida de compartir esta noticia es hacer un libro de dibujos y mostrárselo a tu familia y amigos cuando les cuentes acerca de Jesús.

Página 1: Dibuja una persona con el rostro triste y un corazón sucio y oscuro. Esta página simboliza el corazón de una persona sin Jesús. Esos corazones están sucios por el pecado.

Página 2: Dibuja una cruz roja. Esa cruz simboliza a Jesús muriendo por nuestros pecados.

Página 3: Dibuja a una persona con un corazón limpio. Cuando recibimos a Jesús en nuestros corazones, Él quita todo el pecado y nos da un corazón limpio y nuevo.

Página 4: Dibuja una casa con un color amarillo dorado. La casa representa la mansión que Jesús está preparando en el cielo para todos los que creen en Él.

Oración

Amado Señor: Creo que tú eres el Hijo de Dios. Gracias por morir por mí para que algún día yo pueda vivir contigo en el cielo. Amén.

Cuando no debemos reírnos

No dejes que se sonrían burlonamente los que me odian sin motivo.
—Salmo 35.19

A veces la gente se ríe cuando no debe. ¿Se burló alguien de ti alguna vez cuando estabas hablando en serio? Si fue así, ¿cómo te sentiste? Mal, ¿verdad? ¿Sabías que Dios conoce cómo nos sentimos cuando alguien se burla de nosotros o nos insulta? Eso lo hace sentir triste a Él también. Las personas se burlaron hasta del apóstol Pablo porque no creían lo que él decía acerca de Jesús. Descubre en la historia bíblica de hoy por qué las personas se burlaron del apóstol Pablo.

Me reí cuando mi hermana
Se cayó de la escalera.
La llamé un torpe osito de peluche.

Cuando mi hermanito
Dañó su trineo,
Me reí y me reí hasta ponerme rojo.

Pero un día,
Me caí en el barro.
¡Qué ruido hice!

Mis amigos se rieron mucho
Y me dijeron: «¡Para que veas!»
No fue nada divertido cuando ellos se
*   rieron de mí.*

—June Ford

Hechos 17.16–34

El apóstol Pablo fue un predicador que viajó por todos lados para decirles a las personas las buenas nuevas acerca de Jesús. Un día él estaba en Atenas, la capital de Grecia. Había un lugar en Atenas llamado el Areópago. Los hombres iban allí para conversar y discutir acerca de todo. Pablo vio un altar que habían construido. En él decía: «Al Dios desconocido».

Entonces, Pablo comenzó a contarles acerca de nuestro Dios y cómo Él levantó a Jesús de entre los muertos. Pablo les dijo que ellos también podían conocer a Dios. Algunos de ellos comenzaron a burlarse de Pablo. Esas personas no estaban dispuestas a creer en Dios y Pablo no podía hacerlos cambiar de opinión.

Vamos a leer y a compartir

¡Hablemos de . . . !

★ ¿Quién era Pablo?

★ ¿Qué les dijo Pablo acerca de «Al Dios desconocido»?

★ ¿Por qué algunos se burlaron de Pablo?

Comparte el amor de Dios

¿Te has comportado alguna vez como esas personas que se burlaron de Pablo? ¿Te has burlado de alguien porque no le creías? ¿Cómo te sentirías si luego descubres que lo que esa persona decía era cierto? ¿Cómo te hubieras sentido tú si estuvieras en el lugar de Pablo y se burlaran de ti? Cuenta una historia en la que muestres cuándo no debemos reírnos, por ejemplo, cuando alguien se ríe con malicia. Después cuenta otra historia con la que podamos reírnos sanamente.

Oración

Querido Señor: Tú sabes que los que acosan a los demás hacen daño. Enséñales a ser amables. Amén.

Una tormenta inesperada

Anímense y sean fuertes todos ustedes que confían en el Señor.
—Salmo 31.24

Cuando tenemos esperanza, creemos que todo resultará para bien. Dios nos da esperanza porque Él siempre hace lo que es mejor para nosotros, y también quiere que demos lo mejor de nosotros. Tenemos esperanza porque confiamos en Él.

Las mellizas Carmen y Carolina estaban paradas en el pasillo de la escuela mientras observaban los copos de nieve que el viento frío lanzaba en el exterior. De pronto, una tormenta de nieve las atrapó y no estaban preparadas para regresar a su casa. «Vámonos antes de que el tiempo empeore», dijo Carmen. «Yo todavía espero que él venga», dijo Carolina. «Yo lo conozco».

En ese instante la puerta se abrió y allí estaba el papá de ellas con sus abrigos, gorras, guantes y botas de invierno. Con una sonrisa él preguntó: «¿Alguien necesita que lo lleven a casa?»

Hechos 27

El apóstol Pablo fue puesto en un barco grande rumbo a
Roma, Italia. Después de un tiempo en el mar, un viento fuerte
se levantó y sopló duro contra las velas del barco. La tormenta fue
tan mala que la gente en el barco perdió la esperanza de permanecer
con vida. Pensaron que morirían. Pero Dios envió un ángel a decirle a
Pablo que todos lo que navegaban con él se salvarían, pero el barco
chocaría y se perdería. Pablo les dijo lo que Dios había dicho. Él sabía
que Dios cumplía su promesa. Eso les dio esperanza a todos en el
barco. No estaban tan asustados. Cuando vino la mañana, el barco
golpeó contra un banco de arena cerca de una isla y se hizo pedazos. Los que
no podían nadar agarraron algo que los ayudara a flotar como un trozo de
madera y fueron hacia la costa de la isla. Todos se salvaron.

Vamos a leer y a compartir

¡Hablemos de . . . !

★ ¿Hacia dónde iba el apóstol Pablo en ese barco?

★ ¿Qué sucedió en el camino?

Comparte el amor de Dios

¡Dios es increíble! Había doscientas setenta y seis personas en ese barco con Pablo y todos sobrevivieron el naufragio. Si tú hubieras estado con Pablo en ese barco, ¿cómo te habrías sentido cuando él dijo que no iban a morir?

DRAMATIZA LA HISTORIA Y DIVIÉRTETE

Usa algo como una frazada, sábana, cordel o manguera de jardinería para hacer el barco. Pon en el barco almohadas, cajas y canastas. Escoge algo como una pared exterior o la parte de atrás de un sofá para simular la costa de la isla. Escoge a alguien para que haga de Pablo. El resto de la familia pueden ser los marineros y otros pasajeros del barco. Métete en el barco y dramatiza la historia mientras alguien la lee.

Oración

Amado Señor: Por favor, ayúdame siempre a tener esperanza y saber que tú eres más poderoso que cualquier cosa que me pueda pasar en mi vida. Amén.

Un hogar en el cielo

«Ningún mortal ha visto, ni oído, ni imaginado las maravillas que Dios tiene preparadas para los que aman al Señor». —1 Corintios 2.9

Jesús nos ha dado muchas promesas, pero la mejor aún está por cumplirse. Él dijo que tendría un lugar preparado para nosotros cuando nuestra vida en la tierra terminara. Ese lugar es el cielo, y es más hermoso que cualquier cosa que hayamos visto. Es tan hermoso que si tuvieras que dibujarlo como te lo imaginas tendrías que utilizar todos los colores de tu caja de colorear. Piensa en una ciudad hecha completa de oro y de todo tipo de piedras preciosas como las verdes esmeraldas, los azules zafiros y las violetas amatistas. Imagínate las calles de oro y las puertas de perlas.

Bueno, el cielo es así. Es un lugar donde no hay dolor, tristeza o muerte. Y lo mejor de todo, Jesús estará allá y nosotros estaremos con Él para siempre.

205

Juan 14.1–2; Apocalipsis 21

Un día Jesús habló con sus amigos y seguidores acerca del cielo. Les dijo: «No se angustien. Confíen en Dios, y confíen también en mí. En la casa de mi Padre hay muchas viviendas; si no fuera así, no les habría dicho que voy a prepararles un lugar».

Dios promete que en el cielo nadie volverá a estar triste. Nadie se enfermará alguna vez. Todo será más maravilloso de lo que alguna vez nos hayamos imaginado. Y estaremos felices para siempre.

Vamos a leer y a compartir

¡Hablemos de . . . !
★ ¿Qué dijo Jesús que iba a hacer en el cielo para nosotros?
★ ¿Estaremos tristes en el cielo?
★ ¿Qué es lo más emocionante del cielo?

Comparte el amor de Dios
¡Estupendo! ¡Qué maravilloso es tener la esperanza de un hogar en el cielo! Estas son algunas ideas que te ayudarán a imaginar cuán hermoso será nuestro hogar en el cielo:

1. Describe el lugar más hermoso que hayas visto. (El cielo será miles de veces más hermoso.)

2. Escribe tu propia canción sobre cuán maravilloso será el cielo.

Oración
Amado Señor: Gracias por tu promesa del cielo. Sé que tienes muchas cosas para que yo haga primero en esta vida. Pero es muy bueno saber que tienes un lugar esperando por mí. Amén.

Índice

Citas bíblicas

Promesas de Dios

ACTIVIDADES

Cantos

Actividades